看穿人心的讀話術

透視人們的真正想法，他們真正想要的是什麼，以及他們的真面目

FBI、CIA資深顧問、美軍策略指導

大衛・李柏曼博士——著

David J. Lieberman, PhD

高子梅——譯

Mindreader

The New Science of Deciphering
What People Really Think, What They Really Want, and Who They Really Are

目次

PART 2

人肉測謊機

PART 3

心理快照

PART 4 建立一套心理剖繪

前言

三十年來，為了提升人們的生活和人際關係品質，我利用各種策略從心理層面去洞悉人性。一九九八年，我寫了《看誰在說謊》（*Never Be Lied to Again*），書中介紹了一些制式技巧來協助大家偵測出日常生活裡的騙術。將近十年之後，我又寫了《看穿人心的問話術》（*You CAn Read Anyone*），它是前一本書的續集，對「觀人術」這門學問做了更新。

現在又隔了將近十年，拜心理語言學、神經科學和認知行為學等研究成果崛起之賜，這本新書有了量子級的躍進。我將以最先進和最尖端的方法，對人們進行剖繪，給你近乎心電感應的能力。在任何情況下，從隨意交談到深入談判，無論對方嘴裡說的是什麼，你都能察覺出他們真正的想法和感受。你會清楚他們下意識裡潛藏著什麼，哪怕他們會否認，不願（或無法）在意識層面上面對自己真正的想法、感覺和恐懼。

本書涵蓋了嶄新的領域，鮮少倚賴老掉牙和過時的招牌肢體語言這類暗號或跡象。舉例來說，很多專家都表示，對方雙臂抱胸和蹺著二郎腿，代表他正在防備或是對你不認同。這個說法在理論上沒有錯，但如果你的對象待在一個很冷的房間裡，坐在一張沒有扶手的椅子上，你就會得到很多偽陽性的反應。此外，鮮少眼神接觸或完全避開眼神接觸，是典型的欺騙信號。但是，居心不良者早就摸清楚這一點，所以除非你的對象是一個手還插在餅乾罐裡的五歲幼童，否則你需要的是一個更老練的技巧。再說，你要如何確實解讀一個深信自己口中謊言的精神疾病患者？又或者一個可以直視你的眼睛，手按住一本《聖經》，信誓旦旦地說他的話都是千真萬確的社會病態性格者？[1]

現在我們可以跨越那種標榜「從衣著打扮的表面觀察去洞悉對方心理」的刻板觀人術。難道光看一個宗教性墜飾，便能看出對方有根深柢固的屬靈價值觀嗎？這倒未必！也許這個人會戴著它，只是為了彌補罪惡感，因為他私底下的生活態度有違宗教理念。又或者她只是基於某種情感因素才會戴著它，說不定那是她祖母的墜子。難道一套體面的西裝和一雙擦得閃亮的皮鞋，就代表這個人很有雄心壯志？穿運動褲就代表懶散嗎？根本不是。也許對方穿得這麼隨便，只是因為他覺得這樣很舒服，不在乎別人怎麼想，也或許他很沒有安全感，但是又想表現出不在乎的樣子。

另一種大家偏好的觀人術，是根據單一行為做出推論。但這也是胡說八道。就因為你朋友老是愛遲到，不見得代表他不懂得為人著想。也許他是完美主義者，一定要把所有事情都處理妥當才出門。又或許他只有等到最後一分鐘的時候，腎上腺素才會分泌。或許他母親總是要求他準時赴約，導致他下意識裡的反叛心理。也有可能他只是有點迷糊，老是忘記時間。如果我們都只從表面去臆測，錯誤解讀人們的機會就難以計數。

所以，究竟什麼才管用？我在這裡教授的技巧取材自各種學科，而且也把這些技巧傳授給美國聯邦調查局（FBI）精英級行為分析小組（Behavioral analysis Unit）、美國情報局（CIA）、美國太空總署（NSA）、美國軍隊的許多分部，以及世界各地的執法機構。你只需要注意一些關鍵元素，它們就會為你揭開一面神奇的放大鏡，讓你看清楚一個人的精神狀態，他的思維與感受，最重要的是，還能知道對方夠不夠光明磊落，以及情緒上健不健康。

最棒的是，其中許多技巧並不需要與你的對象互動也能奏效。通常你只需要聆聽對話和談話內容，或是語音信箱裡的錄音內容就行了，甚至只要閱讀電子郵件。在口罩和視訊會議當道的今天，可靠的臉部表情和肢體語言完全無用武之地，因此這種不需看到本人就能解讀對方的能力，顯得尤其重要。

接下來，我將逐步教你如何辨識對方在真實環境下的真正念頭是什麼。比方說，你會精確知道自己該如何判斷某人是否值得信任或老實與否，某某同事是否有困擾或只是脾氣不好，又或者你的第一次約會算是順利或不順利。若是風險較高的情境，譬如談判、訊問，以及藥物濫用、偷竊或詐欺等問題，你將學會如何節省自己的時間、金錢、力氣，不必再去傷神，因為你會很清楚誰最為你著想，而誰一點也不在乎。

我的工作成果之所以廣為執法單位運用，原因是這些技巧都很好用，而且非常精準，但前提是要負責任地使用。勸你不要光憑一個兩秒鐘的表面解讀就捨棄理智或無視常識，甚至放棄一段關係。單憑一個不假思索的看法或短暫的互動，便擅自臆斷對方是否誠實、光明磊落或者企圖何在，甚或他們的情緒健康，這都太輕率魯莽了。

本書會使用許多單句式的例子來描述心理。但是在現實生活裡，必須從長一點的談話或書寫內容來判斷，才是謹慎的做法。

誠如我們在本書看到的，只是隨性地提到什麼一次，可能不具任何意義，但如果同樣的語法模式一再出現，就暴露了一切。[2]

若是出現許多模擬兩可的情況時，務必花時間建立一套可靠的剖繪。雖然本書有劃分篇章，但我在每一章裡所教的方法都是根據前一章的方法建立起來的，必須疊合進整套流程裡，以提升自己的整體評斷力。

當你對別人有更多的瞭解時，我也希望你能因此變得更瞭解自己。擁有自知之明的你，就能提升自己的情緒健康、生活品質和人際關係。等你擁有了這種得知別人真正想法、知道他們其實想要什麼、真面目是什麼的能力，你就能在每場對話和每種情境下，以及現實生活裡，好好享受早人一步看清真相的優勢。

♠ 撲克玩家

撲克牌從很多方面來說都像是行為科學的心理實驗室，可以當成絕妙的現實生活比喻，也能利用裡頭的手段來讀懂人心。就算你對撲克牌不是很熟悉，但在逐頁閱讀本書的時候，你還是會對這些通透的見解和運用方式樂在其中。

Part

／

01

潛意識洩露出一切

從隨意交談到深入談判，察覺出人們真正的想法和感受。你會探查出對方潛意識的深處潛藏著什麼，就算他們自己可能會否認，不願或無法在意識層面上去面對的真正想法、感覺和恐懼。查明別人對你的真正看法，以及他們自認在人際關係裡（包括私人和專業上），所擁有的影響力和掌控程度。

第1章・他們眞正的想法是什麼

不要只專注於別人的談話內容，也要注意對方的說話方式，包括他們的用語模式和句子結構，才能猜出他們真正在想什麼。為了證明其中的運作方式，我們先從最簡單和快速的文法開始。

在文法層面上，代名詞都是跟某些個體或一群個體有關。它可以是主格、受格、或所有格，全看你怎麼使用。從文法上來說，在討論一個人或多個人時，會有三種不同的視角：

- 第一人稱（我、我們、我的、我們的）
- 第二人稱（你、你們、你的、你們的）
- 第三人稱（他／她、他們、他／她的、他們的）

從表面上來看，代名詞好像只是用來取代名詞，這樣人們就不用一再重覆相同的字詞。譬如，「約翰在約翰的屋子裡弄丟了約翰的皮夾」這一句不是很好，但「約翰在家裡弄丟了他的皮夾」這一句就好多了。可是，從心理語言學的角度來看，代名詞可以透露出這個人是否企圖拉開自己跟所說的話之間的距離，或是完全與它隔開。**就像一個不夠老練的騙子可能會移開目光，不敢看你，因為目光接觸會拉近距離，而說謊的人通常都有某種程度的罪惡感，會在下意識裡企圖拉開自己跟謊言的距離。**人稱代名詞（我、我的），意味這個人忠於自己的說法，對它很有自信。而省略動作裡的人稱代名詞，則可能暗示這個人不願接受這句話的責任歸屬。

舉一個在日常生活裡讚美別人的例子。如果一個人相信自己說的話，很可能會使用人稱代名詞，譬如：「我真的很喜歡你的提案」或者「我愛死了你在會議裡說的那番話」。但如果是不太誠懇的恭維話，說法可能會改成：「提案不錯哦！」或者「看來你做了很多研究調查」。以第二種情況來說，他在句子中完全把自己移除了。執法機關裡的人很熟悉這套原理，所以辨別得出誰在謊報自己的車被偷了，因為他們通常會用「車子」或「那輛車」這樣的字眼，而不是「我的車」或「我們的車」。當然，你不能單憑一句話就判定對方誠不誠實，但這是第一個線索。

疏遠的第二人稱

就算這個對象使用了人稱代名詞，但如果從主動語態變成被動語態，也可能代表這當中缺少了誠懇。主動語態比較強勢，也比較有直接性的互動，它透露出這個對象有在展現這個句子裡動詞的動作。但如果是被動語態，這個對象便是受到了其他實體的外力作用。

比方說，「我給了她這支筆」是主動語態，至於「這支筆是我給她的」則是被動語態。請留意這其中的措辭變化，它是如何微妙地降低了說話者的個人責任。另一個例子是，假設有兩個手足原本在玩耍，然後弟弟或妹妹開始哭泣。當母親或父親詢問：「發生了什麼事？為什麼他在哭？」另一個小孩通常會說，因為「他跌倒了」、「她受傷了」或者「他撞到頭了」，而鮮少會說：「是我做了『A動作』，才害他有『B結果』。」小孩是利己主義者，確實不太可能擔起責任地大聲說：「是我把他往牆壁推，他才撞到頭的。」或者「她爬到我背上時，我應該更小心一點才對。」

我們再看看另一種情境。在一項題目是「會害你工作面試落空的用語」的研究調查裡，研究人員評量了現實生活中成千上萬個求職者的面試用語。他們光是根據用語模式，就成功地將這些求職者區分成表現不佳者和表現優異者。[1]

以下是他們的發現：

- 表現優異者的回答有超過六十％是用第一人稱代名詞（我、我們）。
- 表現不佳者的回答有超過四十％是用第二人稱代名詞（你、你們）。
- 表現不佳者的回答有超過九十％是用第三人稱代名詞（他、她、他們）。

表現優異者在面試時會勇於表現，因為他們拿得出自己的實際經驗。表現不佳者不會這麼做，也無法這麼做，因為他們欠缺真實世界裡的經驗和成就，比較可能給一些抽象或假設性的答案。[2]

表現優異者會說：「我每個月都會打電話給我的顧客，瞭解他們的現況。」或者「我在ABC企業裡的時候，每天都要打兩百通電話。」

表現不佳者會說：「顧客應該定期聯絡。」或者「你（或者做業務的人）應該經常打電話給顧客，請他們分享……」

當你把自己從說出口的動作裡拿掉時，所傳遞的就是一個隱匿的訊息（甚至也可能是在對自己隱匿）。比方說，你詢問一個小孩，度假營的第一天過得如何，你會留意到同樣的描述內容卻透露出兩種不同的經驗印象：第一個充滿熱情，第二個則是興趣缺缺：

A的反應：「我吃了早餐，然後我們就去公園玩盪鞦韆，一直玩到我得去游泳為止。」

B的反應：「先是吃早餐，然後他們把我們帶到公園那裡玩盪鞦韆，一直玩到他們要送我們去游泳為止。」

被動語態或者省略代名詞的用法，也可以淡化那些可能不被接受的訊息或具有對抗性的訊息。比方說，有個人興奮地宣布：「我們贏了這場比賽！」而不是「這場比賽（是我們）贏了。」因為主動語態再加上有人稱代名詞的訊息，就會傳遞出一種團結一心的氣勢，使整個氛圍變得歡樂和自豪。同理，政治人物往往會用勉強接納或表達歉意的措辭方式，企圖減輕直接責任，譬如「錯誤已經鑄成」、「真相從來不完美」以及「人民值得擁有更好的」。這類遣詞用字也暗示了說話者的性格。若是你的裁縫師對你說：「你的褶邊那裡，我有點沒處理好。」而不是只說：「有地方沒處理好。」我們便能大膽假設這位裁縫師在工作上是很誠實和光明磊落的。[3]

差異立現

疏離性語言（distancing language）有各種形式，請先看以下幾句成對的措辭，再反問自己，哪一句比較誠懇，能讓你產生共鳴。

「我肅然起敬。」——「我好震憾哦！」

「我發現自己充滿驕傲。」——「我好驕傲哦！」

「就我本身而言，非常高興。」——「我太高興了！」

「我是一個很忠誠的仰慕者。」——「我太崇拜了！」

第一類措辭是企圖用一種感性的強力訴求來印刻出那個訊息，卻無法說服敏銳的旁觀者，因為這其中展露了兩個語法上的問題。第一，高亢的情緒狀態都是伴隨著簡化的文法結構，而不是過多修飾的結構。坦率又滿載著情緒的句子，都是簡潔又露骨的，譬如「救命啊！」或「我愛你！」。再者，說話者把他自己（也就是那個『我』）跟那個感性的情緒隔離開來。以下哪一種陳述聽起來比較可信？

陳述A：「我太感恩我太太生還了，我太感謝所有救援人士。」

陳述B：「就我本身而言，我很感恩我太太生還了。我覺得我自己非常感激所有救援人士。」

陳述A可以讓你由衷領會對方的心情，至於陳述B就像是一份公關新聞稿。陳述B給人的感覺沒有那麼擔心，似乎說話者有充分的時間讓自己先冷靜下來和沉澱思緒。但是，在一個一觸即發、充滿情緒的情境裡所呈現出來的語言模式，通常比較類似陳述A。

在類似的情境中，若對方使用陳腔濫調和裝腔作勢的比喻，也是高度可疑的。企圖利用這些用語來將自己描繪得慷慨激昂的人，其實只是在試著精打細算地傳遞某種不屬實的情緒。捏造情緒是很耗腦力的，使用這些借來的措辭，也一樣很耗腦力。舉例來說，你去請教任何一個創傷受害者的遭遇，絕對不會聽到對方說出尼采的話，譬如「生活就是要承受痛苦，要生存下去就得從痛苦中找出意義」或者「餅乾就是這樣碎的」（註：指事已至此，無可改變）。

當然，隨著時間的推移和視角的改變，我們可能會接受某種比較哲理性的觀點。但是，沒有人會在充滿情緒的當下遭遇裡，氣定神閒地吟誦「繽趣」（Pinterest，一種應用程式）裡那些以痛苦之美為題的短文。同樣的，若有人提出了創傷經驗「會在我的杏仁體裡永不磨滅」這類說法（情緒記憶都是儲存在腦部的杏仁體裡），那就太虛偽了。陳述的方式必須與情緒具有一致性。

在真實生活裡，經常有人公開呼籲協尋失蹤親友，而針對這些呼籲所做的廣泛研究發現到，最誠懇的呼籲方式會比較口語，他們希望失蹤親友能夠生還，對這些親友有較正面的情緒，而且會避免口出惡言。[4] 簡言之，這些懇求會流露出原始的感情，懷抱希望，不會說出負面的座右銘或標語。

委婉的說法

「人造絲」就是聚酯纖維，而「人造皮革」就是塑膠，但是製造商不能在商品標籤上刻意欺瞞，於是改變說法。畢竟有些字詞會帶給人負面的聯想，而委婉的說法可以幫忙降低情緒上的衝擊。也因此，厲害的業務人員絕對不會對你說「得簽合約」，而是建議你「完成書面作業」，即使這兩種說法都是指同一件事，因為我們總是會擔心沒先找律師看過一遍就簽合約未免太欠考慮，不過，完成書面作業就是一件你可以放心去做的事，對吧？

技巧嫻熟的訊問者都知道要避用一些惡言或傷人的措辭，譬如侵占公款、殺人、說謊、認罪，而且會避免使用可能造成他和對方處於敵對狀態的語言。比方說，他不會說：「別再撒謊了，把真相告訴我」，反而會說「我們來聽一下整個故事吧」或者「我們來把事情澄清一下，這樣對大家都好」。

政治人物比大多數人都更理解語言對態度和行為的影響層面。在軍事行動期間，我們聽到的都是「附帶損害」，絕不會被直接告知「有平民意外被殺害」。如果我們聽到的是「誤傷」這兩個字，就不會像得知「我們的軍人彼此互相射擊」那麼在意。另外，在看晨間新聞時，如果被告知的是「傷亡人數」，就不會像記者直接說出「死亡人數」這個字眼那麼可怕。

在日常生活裡，我們也在做同樣的事情。我們可能會用「浴室」、「化妝室」、「洗手間」來代替「廁所」這兩個字。而且我們寧願跟保險公司說「發生了事故」，也不願說出「撞車」這兩個字。當然，請一個員工「走路」或者告訴他「被解雇」了，這兩種說法絕對勝過於「炒魷魚」這三個字。

使用委婉的說法，表示大家都想淡化或轉移太過直接的衝突，而且原因可能是：(a)要讓自己的請求或行為不要那麼明顯，(b)擔心自己的訊息不會被接納，(c)對這個主題本身感到不安，或者(d)以上皆有。

「這裡」和「那裡」

如果一個人在潛意識裡想對他的聽眾、溝通內容或交流對象表示認同，也可以透過空間立即性（spatial immediacy）[5]的運用來達到這個目的。像是「這個」和「那個」、「這些」和「那些」、「這裡」和「那裡」這類副詞，除了可以用來表明一個人或一個目標跟說話者之間的位置關係之外，也說明了情感上的距離。我們經常利用空間立即性來指出我們對某人或某件事很樂觀，想給予支持（譬如「這是個有趣的點子」或者「這裡的點子很有趣」）。但重點是，這句話並沒有什麼意義。有同事跟你說：「那是個有趣的點子。」這不見得是一種假裝出來的熱情。能表現出親密和良好關係的語言，都跟個人的感受有關，但不應該用疏離性語言來呈現。

之所以有很多錯綜複雜的心理細節，是因為疏離性語言可能是在暗示一種被稱之為「去依附」（detachment）的心理防衛機制。比方說在某個治療場景裡，精明的心理分析師會很清楚病人如果經常避用或省略人稱代名詞，就有可能是在企圖避免過於親密、過於坦白或逃避責任。[6] 要小心提防對方對第二人稱代名詞「你」或「你們」，或者「人們」、「本人」這類第三人稱的使用。雖然這些人稱代名詞在一般的背景脈絡下，通常是指每個人（譬如「你應該經常說『請』和『謝謝你』」），但如果是用「你」、「你們」、「人們」、「本人」這些代名詞來代表「我」或「我的」，就是在暗示情緒上的不安。舉例來說，有位經理告訴員工必須更妥善地管理自己的工作流程，不要等到最後一分鐘才處理重要的問題。請看以下兩種可能的回應：

回應A：「我知道，但我怎麼可能預測得到接下來會出什麼事。」

回應B：「你也知道，你怎麼可能預測得到接下來會出什麼事。」

雖然這兩種回應都是不接受對方的指責，但回應B將它整個轉了方向，直接表明要去預測未來可能出什麼事，根本是在刁難大家，沒有人能解決得了這個問題，說話者並不承認自己的時間管理很差。在第十二章，你會學到如何辨識出對話是在什麼時候挑動那根原始情緒的神經，以及如何區別對方究竟是在騙你還是在騙自己。

♠撲克玩家

一些有趣的研究調查已經發現，人們會下意識地把慣用的那一邊（譬如慣用右手或左手），跟正面和樂觀聯想在一起，也比較會把非慣用的那一邊跟負面的點子和概念聯想起來。「好」和「慣用」這兩者的連結，也延伸到我們生活中的多數領域裡。[7]（要知道對方的慣用手是哪一隻，可以留意對方是用哪隻手去接被遞過來的東西，或者把東西往他們的前面一扔，就不會有其中一隻手可能就近去接的問題。）在我自己的研究裡，我發現正在吹牛的撲克玩家，多數時候都會用非慣用的那隻手將籌碼放進賭注裡。雖然這不是一個固定不變的法則，但如果有其他跡象可以一起參考，也算是個可靠的線索。

這一章只介紹了語言學的基礎原理，至於文法上還有很多細節得探索。所以，我再重申一次，單憑一句話就認定它是鐵證，是很可笑的。舉例來說，外向的人往往會把語言學裡的自我放進他們喜歡的事情裡，譬如「我發現這很有趣」，至於內向的人則可能用保持距離的態度來評論，譬如「這很有趣」。若只有單一句話，無法評斷這兩種說法哪一個比較可信或不可信。此外，我們也都知道主動語態可以提升可信度，但也可能因為少了人稱代名詞而被抵消掉。譬如「這本書很吸引人」這一句用的是主動語態，至於「我被這本書給迷住了」這一句裡有「我」這個所有權人，卻是被動語態。所以只根據一句話，很難區別對方究竟是在欺騙還是在「去依附」。

當你繼續往下閱讀時，會看到越來越錯綜複雜的心理學，但是我們的技巧也會變得越來越老練。現在才只是剛開始而已。

第2章・看待別人的方式

執法機關裡的人都知道暴力犯罪（例如綁架、人身攻擊）的受害者鮮少使用「我們」這兩個字，反而會在闡述整起事件時，用一種方法將自己與攻擊者隔開，因此在提到攻擊者的時候都是用「他」或「她」來代替，至於自己則用「我」。比方說，他們不會說「我們進了車子」，反而常用「他把我放進車子裡」這樣的說法。而且受害者不會說「我們停下來加油」，反而可能用「他停下來加油」來表示。描述故事時，如果裡面點綴了很多「我們」和「我們的」，可能意味著心理上的親近（這在犯罪裡當然是沒有的），暗示這當中有某種交往關係、情愛關係，甚至可能有合作關係。[1]

我們在日常生活裡可以觀察到類似的良性運用。約會結束時，傑克和吉兒走出餐廳，吉兒詢問：「我們的車停在哪裡？」這是很直白的提問，但用的是「我們」而不是「你」，代表她已經開始認同傑克，自認兩人是一對。如果車子是傑克的，那麼就算吉兒的問法是「你的車停在哪裡？」也不算是在暗示她對他不感興趣。不過，把「你的」說成「我們的」，就透露出她對他很感興趣的言下之意了。

每當我跟情侶或夫妻談話時，若是聽到對話裡明顯少了「我們」這兩個字，就會特別警覺。研究發現，使用合作性語言（cooperative language）的夫妻（例如我們和我們的）相較於使用個人化語言（individualized language）的夫妻，前者的離婚率較低，而且對婚姻滿意度較高。[2] 研究調查也證實，這類代名詞的使用與夫妻對分歧意見及危機的因對方式，兩者之間有很大的關聯，可以用來預測他們究竟是要同心協力，還是會漸行漸遠，終至於分開。[3]「你」這個字的使用，也可能暗示一些說不出口的挫折或公開的挑釁。如果對話裡出現「你必須把它弄清楚」，這是在表現敵意，心態有「你、我」之分；但如果是「我們必須把它弄清楚」則是變成「我們對上問題」，所以是共同承擔責任和互相合作。

你猜得出以下哪個人的婚姻比較岌岌可危嗎？

甲：「我們的婚姻出問題了。」

乙：「這婚姻出問題了。」

乙不只把自己跟他的配偶拉開距離，也從婚姻裡跳脫開來。婚姻就像是他的身外之物。除此之外，還有很多其他例子：當配偶在場且談到小孩的時候，口裡說的是「我的小孩」還是「我們的小孩」？或者談到共有空間時，口裡說的是「我的房子」或「我的臥室」嗎？這些細節都能告訴我們，這個人的態度為何。同樣的，一個激動的母親可能會問配偶：「你知道你兒子在班上做了什麼嗎？」這表示他做的是很令人討厭的事。但如果是一件很正面的事情，說法比較可能會是這樣：「你知道我的（或我們的）兒子在班上做了什麼嗎？」同樣的，**單一次性臨時起意的說法，並不代表一切**（這種說法可能只是暗示這個人當下的憤怒或沮喪而已，不能以偏概全地論定整個婚姻），**但同樣的語法模式若一再出現，就有問題了。**

語法的含意和運用，也能延伸到企業界。研究發現，如果公司裡的員工不用「我的公司」或「我們的公司」來指稱自己的工作場所，反而用的都是「公司」或「那家公司」，還有在提到同事的時候，不用「我的同事」，而用「他們」這樣的字詞，那麼這家公司的工作士氣可能很低落，人員流動率很高。[4] 體育賽事也有同樣的現象，你可以從言語間看出誰是同甘不共苦的球迷。當這位球迷的球隊贏了，他會很明顯地大聲喊道：「我們贏了！」可是當球隊輸的時候，就改成「他們輸了」。就跟之前說的一樣，人稱代名詞「我們」通常是預留給各種正面的聯想和關係的。

國王與我

當一個人在提供資訊時，其中的順序是有意義的。如果某人在話裡提到一些人物或情緒，順序似乎很隨性，並非這個對話裡不可或缺的內容，放進來好像不太合邏輯，此時我們就要留意它們出現的順序，因為這通常代表了這個人潛意識裡的優先順序，或者他寧可不討論某些事情。

你應該記得《聖經》裡那個透視人性的古老故事。兩名婦人來到最聰明的人——所羅門王（King Solomon）的面前。她們在幾天前各自生了孩子，但是其中一名婦人在睡覺時，因翻身而意外壓到自己的小嬰兒，害他窒息而亡。於是，她把自己的小嬰兒跟還活著的小嬰兒對換。結果，對方的母親醒來後，立刻發覺這不是她的兒子——他被調包了。

所羅門王透過預言，早已得知哪個母親的小嬰兒是活著的，但是他想用無可辯駁的邏輯來證實自己的想法。於是，他大聲說：「這個人說：『我的兒子還活著，死的是你的兒子。』而這個人也說：『不對，是你的兒子死了，我的兒子還活著』。」

接著，所羅門王叫人把他的劍拿來，說他可以解決這個問題，方法就是把活著的嬰兒砍成兩半。其中一名婦人立刻驚聲尖叫：「不要砍！」這當然就表示她才是這個活嬰的生母。享有盛名的測謊專家艾維諾安．薩皮爾（Avinoam Sapir）適切地指出，第二名婦人告訴國王：「她的兒子死了，我的兒子活著。」但第一名婦人先提到的是自己的兒子（「我的兒子活著，她的兒子死了。」），因為她把焦點擺在自己孩子的身上（也就是活著的那一個），因此在申辯時也把他擺到第一位。[5] 薩皮爾也引用了美國婦女專欄《親愛的艾比》（*Dear Abby*）裡一個來信諮詢的案例：

> 一名婦人來信詢問道，她兒子遇到一些問題，但是她丈夫不諒解。她想知道，她要怎麼做才能讓丈夫理解這件事。可是在信中，這名婦人只提到她自己、兒子和兒子的狗，最後才提到丈夫。她也提到兒子和那條狗的名字，卻沒有提到丈夫的名字。「她對狗的評價甚至高過於她對丈夫的評價」，這顯示真正的問題是出在她跟丈夫之間的關係，而不是丈夫跟兒子之間的關係。[6]

這種留意細節順序的方法，也普遍適用於各種情境和場景。舉例來說。當你問一個小孩，家裡有哪些人時，她可能回答：「我媽媽、我爸爸。」然後一口氣說完幾個手足的名字。當然，如果她把「爸爸」放在「媽媽」之前，然後按照出生順序點名兄弟姊妹，或者先提到兩個姊姊，然後才是那個還在襁褓中的「討人厭」弟弟，這並不奇怪。就算她不是先點名媽媽或爸爸，而是先提到名叫點點的狗和名叫小金的金魚，也沒有什麼好擔心的，因為這出自一個小孩的口中。

但如果對方少提了一個家庭成員，或者把他排在最後面，而且是在布偶、寵物這類的東西之後，就有必要進一步探查了。這裡要澄清一點，對方對某位家庭成員省略不提或者順序詭異，並不代表這其中一定有什麼邪惡的事情正在蘊釀，但這的確能告訴我們，他們的關係可能跟我們想的不一樣。

同理，當你問一名員工關於她的工作環境時，她可能會談到「我的主管」，然後再提起幾個同事。就算她把其中一位同事放在另一個前面，或者按職階順序點名同事，抑或先提到她那個在櫃檯當接待員的小姑，我們都不應該覺得這其中有什麼問題。[7]但如果她最先談到的是咖啡機和休息室，然後才提到同事或朋友，這就可能暗示對方社交孤立、冷漠孤僻，或者與工作場所的同事不太合，這就值得深入探究了。

我最近遇到孩提時期的一個朋友，我們大概有三十年沒見面了。在義務性地交流「哇，你看起來氣色很好！一點都沒變！」等幾個謊言之後，接著就是看照片的時間。他開始滑手機，給我看幾張照片，包含他和他的狗在公園吃午餐、依偎在床上、在海灘上接飛盤的照片，然後再跟我聊他「很熟」的名人，他的手指滑過那些他跟幾個還算有知名度的朋友自拍的照片，數量多達幾十張，感覺好像沒完沒了，後來他停在一張十幾歲男孩的照片上，對方身穿無袖上衣，單手拿著啞鈴，正在獨自進行重量訓練。「這是我兒子，馬克。」他的語氣簡單明瞭，然後手指再一滑，出現下一張照片。「這是我女兒。」這次連名字都沒提。「她現在在加州大學洛杉磯分校。」然後就沒下文了。這兩個孩子的照片裡都沒有他們的父親。我老友現在仍有第二任妻子，但他卻隻字不提，連她的照片都沒有，什麼都沒有。

這表示他不愛他的老婆和孩子嗎？也不是。也許他巴不得能跟他們好好連絡感情，但基於一些私人問題或未知的處境而窒礙難行。在那樣的情況下，他們之間的關係是緊張的，於是他只能把情感轉移到狗的身上。又或者他可能是個很自我本位的人，完全只想到自己，對家人一點興趣都沒有。他靠炫耀名人朋友來建立起搖搖欲墜的自我形象。這個交流經驗太短暫，我們無法真正確定這一切，但可以肯定的是，他跟妻子和孩子的關係不是很好。而這是他永遠不想跟我說的那一面。

以上所有的推斷方式，僅適用於不需要深思熟慮和運籌帷幄的即興對話與情境下。但在一些講究步步為營、謹慎為上的例子裡（譬如談判協商或調解仲裁），經驗老到的專業人士不可能一開始就表現出自己最感興趣的事情，這是為了避免在利益槓桿上失去平衡。所以，如果有個人完全無視某個在理論上會引人注目的東西（譬如眼前有一頭五百磅的大猩猩），就代表那個東西可能才是他真正感興趣的目標。

多年前，我邀請一位畫商到家裡幫我看一下姨婆過世後留給我的五幅油畫。我沒先做足功課，因為這個人是「我朋友的朋友的朋友」。這位畫商沉默不語地看了那幾幅油畫幾分鐘之後，又打了一通電話，然後對我說了幾句話，內容大概是：「這裡真的沒有什麼有價值的東西，也許這一幅（指著其中一幅畫）值個幾百塊，但我可以把它們放在畫廊的清倉區裡賣個幾千美元。要不然，我給你三千美元全數買下來？」我其實不太懂藝術，但是很懂人性。我留意到他完全無視一幅小油畫，覺得這其中必有蹊蹺，因為他對其他油畫至少都會多看兩眼，就算是那些他後來聲稱「沒什麼價值」的油畫。

我拒絕了他的提議，謝謝他花時間過來看畫。結果他竟然往上加價，在我拒絕後，他又繼續加價。過了幾回合和幾次的「最後一次加價」之後，一切都明朗了——這個人不可信。他離開時不是很高興。後來，我打電話給一位藝術鑑定師（他不是畫商，來鑑價是需要收費的）。結果，五幅油畫裡有四幅（包括畫商說可能值點錢的那一幅）的價值，恐怕比被上色的畫布本身都來得低，只有那一幅他無視的小油畫的價值，高過他最後一次出價的七倍左右。

符號表徵

有一位新手媽媽正在整理剛洗好的小嬰兒衣物。她從籃子裡拿起每一件親自購買的可愛又袖珍的小衣服時，臉上都會浮起笑容。她先把衣物整齊疊放好，再收進育兒室衣櫃的抽屜裡，然後滿意地輕歎口氣，得意地看著自己剛剛的傑作，最後關上抽屜。

這位媽媽一臉幸福地做完這件原本單調乏味的工作，在動作中透露出真正的心情：她很寶貝她的小嬰兒。我們之所以知道她很寶貝她的小嬰兒，是因為她在處理小嬰兒的衣物時，表情滿滿都是愛和關懷。同樣的，某個人可能很珍惜某樣原本屬於他至愛父母或祖父母的東西，而這東西說不定早該被丟進資源回收桶了，但這個人卻把它視為珍貴的傳家寶。這些情境所描繪出來的符號表徵（symbolic representation）概念，說明了我們可以靠觀察一個人如何對待跟某人有關的東西，來看出他對這個某人的感受如何。在數學上，這是所謂的遞移性（transitive property）：如果A＝B且B＝C，那麼A＝C。當然，在心理學上，這不像數學是一種固定不變的法則，但它也算是另一個讓我們透過它去理解他人行為的窗口。

符號表徵可以透露一些重要的見解，而且可能是難以靠直接的方法收集到的資訊。舉例來說，一個案主在婚姻維持了三個月之後，突如其來地跟第二任丈夫離婚，但她很擔心小女兒會不適應繼父不在的這件事。於是，我建議她給女兒一隻熊布偶，並告訴她，那是繼父送的。如果女兒抱住熊布偶且抓得很緊，她就可以假定女兒很想念繼父。但要是女兒似乎對熊布偶不感興趣，就可以推斷這孩子就算對繼父有感情上的依附，也不會太強烈。但如果女兒對繼父是憤怒和手足失措的，就有可能對熊布偶表現出破壞的行為，或者對它無動於衷，將它扔到一旁，或是企圖拔掉那兩顆黏在毛絨絨臉上的小眼珠。再次重申，我並不是建議我們應該做出結論性的詮釋，但是那個女兒對那隻具有象徵性的熊布偶（代表繼父）所表現出來的對待方式，可以為我們指出正確的方向。

我們全都是透過各種語言機制，在我們和他人之間的情緒空間裡確定方向。我們只要從言語當中聽出細微的變化，便能揣測出對方是否想要在我們和他們之間拉近距離，還是保持距離。若想要弄清楚任何人際關係（不管是新或舊）的融洽程度，這一招都很管用。在下一章裡，我們會靠一些方法來建構出自己的技巧，讓你能在任何對話和背景脈絡下，快速地判斷誰有滿腔熱忱，誰又無動於衷。

第3章・近距離接觸

我們都很熟悉那種想幫人把話說完的感覺。若是見解相同，我們就會用同樣的角度去看事情，覺得彼此很投緣。而另一種截然相反的情況是，你依據自己的觀點去打斷別人的談話，強塞進「全然不同的結論」，這代表的是摩擦。「讓我把話說完」這句話，大多是在這類對話裡醞釀出來的。簡單地說，當自我（ego）被捲進來時，我們就不想讓對方進入我們的實體和情緒空間裡，當然不想被打斷。

在《代名詞的祕密物語》（*The Secret Life of Pronouns*）裡，社會心理學家兼語言學先驅詹姆斯．潘尼貝克（James W. Pennebaker）揭露了語言、思維和個性之間的關係網絡。他解釋道，所謂「虛詞」（function words）的使用，即便使用者是我們剛認識的人，都是在反映和建立一道情緒的橋梁，表示他們想讓我們進入他們的空間，增進彼此之間的情緒同步性（emotional synchronicity）。[1] 研究發現，虛詞的增加幾乎在各個領域上都能正向預測出互蒙其利的結果，從工作團隊的凝聚力到人質談判的和平落幕，都包括在內。[2]

為了妥善說明其中的運作方式，我們先來上另一堂速成文法課。

我們使用的詞彙可以分為兩類：實義詞和虛詞。實義詞指的是名詞、動詞、形容詞和多數的副詞（例如：現金、呼吸、學習、高的、慢慢地）。[3]它們負責傳達訊息的大意，是從嘴裡說出來的實質和主要內容。而虛詞就是代名詞、介系詞和冠詞，這些都是語法上的黏合劑，能凝聚內容，讓它更流暢（例如：我、越過、透過、在、一個、那個）。如果這些虛詞脫離了句子的上下文，就不太具有意義或毫無意義，若要瞭解它們的意思，必須有共享的知識或同樣的參考架構才行。[4]譬如要理解「他把它們放在那裡」這句話的意思，說話者和聽者就得有共同的視角才行。雙方都很清楚「他」是誰，「它們」指的是什麼，還有「那裡」是在哪裡。

基於這個理由，一個生氣的人，由於對經驗分享不感興趣，更別提什麼關係的建立，一定都是使用具體明確的語言，因為你跟他是對立的，所以不會使用「我們」。這表示他會使用斬釘截鐵的語法，有完整的主詞和代名詞，譬如：「我告訴過你，不要讓那條狗跑出後院。」而不是「我告訴過，你不要讓牠從那裡跑出去。」第一個句子很清楚明白，不必倚賴共有的參考點。

在你小時候，如果母親用你的全名叫你，你就知道有麻煩了。同樣的，有了配偶的我們，在惹出麻煩時，親暱的稱呼就會變少，偶爾才會聽到。但如果配偶叫我們「甜心」或者「親愛的」（請參考年代久遠的情境喜劇《蓋利甘的島》〔*Gilligan's Island*〕的重播），就代表我們可能沒有惹出太多麻煩。請看以下的成對例句：

例句一：「記不記得我跟你說過，你去找她回來之後，要把它放在那裡。」

例句二：「記不記得我跟你說過，你從你姊姊家回來之後，要把鑰匙放在廚房烤麵包機的旁邊。」

請留意第一個例句裡充滿虛詞，不像第二個例句那麼咄咄逼人。而第二個例句有比較多的實義詞。說例句一的語氣若是輕柔一點，聽起來可能就像是善意的提醒。但說例句二時，就算說得再輕柔，那股怒氣還是會透過一種克制下的張力滲露出來，很像是有人強壓住怒氣，努力不讓它爆發。[5]

我們來看另一個例子，你在一場辦公室派對裡，然後有個醉得一場糊塗的同事走過來搓揉你的肩膀。如果你的反應是怒不可遏，你的說法就會很清楚明確，譬如：「不要拿你的手碰我！」「我不要你碰我！」「誰說你可以過來碰我的？」說話者不會留下任何誤解的空間給對方。[6] 至於比較順從的回應，多少反映出這個人的個性或低下的地位，會透過婉轉的言語來表達，實義詞少到不能再少或者完全沒有，譬如：「我不喜歡這樣」、「不要這樣，謝謝」。

第一次接觸

當兩個人剛認識時，越快建立起共同的視角，就會越想分享經驗和建立連結。[7] 虛詞的增加不只顯示這兩個人都在企圖吸引對方，也顯示這些努力是互有回報的。[8] 讓我們看一下在一個普通的場景裡，兩種幾近相同的互動方式，只是第一個例子在交流上使用了較多的虛詞。第二個例子則有較多的實義詞。

場景一，鏡頭一

男孩在咖啡店裡排隊，遇見女孩

男孩：哇，人真多。
女孩：對啊，這裡都是這樣。
男孩：真的哦？排那麼長，好瘋狂哦。
女孩：對啊，但真的會移動啦。
男孩：很快嗎？
女孩：超快。
男孩：那就好，因為這裡好熱。
女孩：對啊，我知道。
男孩：你在附近工作？
女孩：是啊，就在安尼斯，它在……
男孩：哦，在布里克街上，那棟黑色大樓？
女孩：就是那裡。你呢？
男孩：我在卡森酒館工作。

女孩：新的那家？
男孩：對，非常亮眼又……
女孩：用紅漆塗得很鮮豔。
男孩：就是那棟……下一個是我了。
女孩：哦……好好享用。

這聽起來像是兩個年輕人帶點調情味道的典型對話，在排隊的同時享受愉快的閒聊。現在，我們稍微改變一下對話的方式，你就會看到我們對他們互動的看法起了什麼變化。

場景一，鏡頭二

男孩在咖啡店裡排隊，遇見女孩

男孩：哇，人真多。
女孩：對啊，這裡都是這樣。

男孩：真的哦？排那麼長，好瘋狂哦。
女孩：隊伍很長，可是它移動得很快。
男孩：那就好，因為這裡好熱。
女孩：這裡是挺熱的。
男孩：你在附近工作嗎？
女孩：是啊。
男孩：在哪裡？
女孩：我在安尼斯工作。
男孩：你喜歡那裡的工作嗎？
女孩：我喜歡。
男孩：我在卡森酒館工作。
女孩：哦，是哦。
男孩：對，他們把它用很鮮豔的紅漆重新塗過。
女孩：是哦。
男孩：下一個是我了。

女孩：好……好好享用你的咖啡。

這個女孩表現得很有禮貌，但顯然對男孩不太感興趣。

讓我們繼續演下去，店員給了女孩兩杯咖啡，女孩轉身把男孩的那一杯遞給他。

注意以下兩種說法：

「你的飲料在這裡。」

「這是我們的。」

這幾個字透露出極為珍貴的資訊。

這裡（非直接的，暗示距離）／你的（對立）／飲料（具體的名詞）

這是（直接的，暗示親密）／我們的（結合的，一種紐帶；虛詞，倚賴的是共同的認知）

當老師把打好成績的考卷還給你、主廚端出新的菜色，或者建築師展開一套藍圖時，說出「我們來看看」和「你來看」，這兩者之間是有天差地之別的。

這其中的邏輯很明顯，當某人對另一個人感到厭煩時，不可能會說：「我們來看看。」除非他拿出來的是有毒飲料。「過度解讀單一句話」是很危險的，這一點再怎麼強調都不為過。「你來看」這種說法，不代表就有鄙夷的意思，但是在表現親密和彼此關係的語言上，絕對是很可靠的指標，至少代表這個人沒有對另一個人氣得跳腳。換言之，我們必須再重申一次，「你來看」這類說法，也不該被解釋成情感上的疏離，但是「我們來看看」就絕對能被解讀成情感上的拉近。

請大家注意我這邊！

以下這類字詞和措辭有什麼共通點？

信不信由你

其實

實際上
基本上
結果是
老實說
根本上

我稱這些字詞為「對話聚光燈」。每當我們想要強調自己的訊息很重要性時，就會利用它們來吸引大家對訊息內容的注意。但出乎意料的是，它會根據互動時的背景脈絡，呈現出兩種完全不同的意義。

如果是一個企圖說服對方的人，譬如正在被訊問的犯罪嫌疑人，若是使用這類字詞，可能意味欺騙（參見第六章）。但如果是（非嘲諷性地）用在閒聊裡，就代表這個人對這場對話是開放和感興趣的，而且正在企圖吸引對方的注意，可能想要令對方刮目相看。我們把這類對話聚光燈放一點在咖啡店故事裡。現在，留意一下這其中有什麼東西正在醞釀。

場景一，鏡頭三

男孩在咖啡店裡排隊，遇見女孩

男孩：哇，人真多。

女孩：對啊，信不信由你，但這裡都是這樣。

男孩：真的哦？排那麼長，好瘋狂哦。

女孩：對啊，但真的會移動啦。

男孩：很快嗎？

女孩：超快。

男孩：那就好，因為這裡好熱。

女孩：對啊，我知道。

男孩：你在附近工作嗎？

女孩：是啊，**其實**就在安尼斯，它在……

男孩：哦，在布里克街上，那棟黑色大樓？

女孩：就是那棟。你呢？

男孩：我**其實**是在卡森酒館工作。
女孩：新的那家？
男孩：對，非常亮眼又……
女孩：用紅漆塗得很鮮豔。
男孩：你知道的嘛！就是那棟……下一個是我了。
女孩：哦……好好享用。

有些人就算是在令他很不自在的情況下（請回到43至44頁那個醉得一塌糊塗的同事場景裡），也不太敢維護自己的權利，不知道該如何表達自己的不悅。因為這麼做「很沒禮貌」。人們在人際關係裡（包括私下和專業職場上）所使用的語言模式，會暴露出他們對自己在這個人際關係裡的地位和控制權的看法，即便這種關係還建立不到五分鐘。更進一步地說，人們如何看待別人和如何看待人際關係，會暴露出他們的情緒健康狀態。在下一章裡，我們要開始解碼跟權力和人格有關的語言。

第4章．人際關係裡的地位和權力

有一條不成文的跨文化法則，那就是地位較低的人不會對那些地位較高的人發號施令，因此在提出請求時會軟化自己的用語。譬如，一位空服員會請乘客「坐在他們的位子上」，而不是「坐下」。地位和禮貌這兩者之間的正相關性，受到常識和研究調查的肯定。[1] **當你請某人幫忙或向某人提出請求時，你的用語會隨著請求的大小和兩人之間的權力差距而調整。**[2] 如果某個人覺得有必要調整自己的請求方式，這表示他的地位較低（或者整體來說不是很有安全感）。[3] 我們會透過以下十種機制的任何一種或其中的組合來進行調整：

1、只多加一個「請」字：從「把鹽罐遞過來」改成「請把鹽罐遞過來」。

2、把請求改成問句：「關上那扇門」變成「你可以關上那扇門嗎？」

3、使用尾音上揚的方式，在句尾將語調往上揚：「關上那扇門。」變成「關上那扇門？」

4、把請求的範圍縮到最小，或者拐彎抹角地提出請求：「你可以晚點走嗎？」變成「你可以再晚一點點走嗎？」或者「或許你可以再留久一點？」

5、對你的請求表示歉意。「我需要你早點來。」變成「很抱歉我必須這麼說，但是……」

6、間接提出請求：「現在幾點了？」變成「你知道現在的時間嗎？」

7、把請求框成一個規定：不提出請求，反而是告知對方那個常設性的政策。「不准在池裡潛水」變成「在這裡潛水是不被允許的」。

8、陳述事實：「把垃圾拿出去」變成「垃圾已經滿了」。

9、提出可能性。「現在輸入你的信用卡」變成「現在你可以輸入你的信用卡了」。

10、先詢問自己可不可以提出請求：你不會直接提出請求，而是先詢問「我可以請你幫個忙嗎？」

先詢問自己可不可以提出請求，等於完全幫對方移除了威脅，以下的故事就是這樣。我有個好朋友是某大型非營利組織裡負責籌措資金的主事者。他每天都要向人們請求捐贈成千上萬美元，有時候甚至好幾百萬美元。他偶爾會回頭去找同一位捐贈者，可能是一個月前才捐過錢的人，請對方再捐一筆。雖然有些人會覺得這個做法很不尋常，但他跟這些捐贈者總是能發展出很好的關係。

他到底有什麼避免冒犯對方的祕訣呢？很簡單。他不會直接要求對方再捐贈一次，反而是請問對方，他可不可以再要求一次。你看出這其中的動態關係了嗎？如果他直接要錢，會讓他看起來很像是不知感恩，使對方有所防備，於是造成權力鬥爭。但是，去請問對方，他可不可以再要求一次，就等於把控制權交給了捐贈者，消除了捐贈者的防衛心理。為什麼？因為捐贈者可以對他的請求直接說不，而不是對金錢上的請求說不。

如果說缺乏語言軟化劑代表著地位較高（包含實際上或感覺上），那麼在單一請求裡加進兩個或兩個以上的軟化劑，便等於說明了這個人的地位較低或者個性順從。舉一個雙倍殷勤的請求姿態為例：「我真的很抱歉得麻煩你，但是我可不可以請你也許……」這裡明顯看得出說話者正在「向上管理」（managing up）。至於一個人的致謝方式也有很多種形式，從禮貌過頭（真是太感謝你了）到不知感恩的那種不發一語，都有可能。

要討論對話裡地位和權力的表現，就不能不談到「自稱我們」（royal we）這種用法可能會有的錯誤解讀。它代表的可能是一個地位較高的人想要避免營造出「我和你」這種不言而喻的動態關係。比方說，一戶豪宅的女主人告訴清潔服務人員：「我們需要洗地板。」她的意思並不是自己也要拿出拖把和水桶一起打掃。

另一方面來說，基本軍事訓練教官會用「趴下去，給我做五十下」這種說法來斥責一個學員，而非對學員說：「讓我們趴下去，我們得做伏地挺身五十下。」但是，一個地位較低的人可能會用這種語言來取代直接的詢問或請求，譬如祕書可能會問老闆：「我們可以在五點以前把工作收尾嗎？」而不是問：「我可以五點鐘下班嗎？」或者「你可以在五點以前完工嗎？這樣我才能回家。」

沉默是金

另一個不成文的權力法則是，如果你說得少或做得少就能取得對方的合作，這表示你握有掌控權。也就是說，我們可以看到一個比較高階的軍官不用說任何一句話，只要向另一位軍官或學員比個手勢，對方就會移動、停止、坐下，諸如此類等。同樣的道理，警察只要揮個手，就能攔住車流。法官只要舉起一根手指，就能讓律師閉嘴。要對另一個人施加影響力（要他移動或停下來），就是在運用地位上的優勢。你越是不用靠施加壓力去取得合作，你掌握的權力和擁有的控制權就越大。

情緒健康且地位較低的人，不太可能會對地位較高的人下達非言語性的命令。你能想像一個在接受基本軍事訓練的新學員對教官舉起手，好似在說「等一下」嗎？

這條法則在很多領域裡都可以看到。拿教室秩序的管理為例。一名受人敬仰甚至令人畏懼的老師舉起手來，像是在要求大家「安靜」，全班就會突然噤聲。她不需要說話，更不用懇求。在這裡她是老大，無需權力鬥爭。如果我們看到的是一名學生比出一個手勢要老師安靜或坐下來，我們當然會驚訝。但如果是一名學生出言打斷老師的談話，我們不會覺得奇怪，因為學生對地位動態關係的認知還沒糟糕到自以為老師會聽從一個非口語的命令。

任何父母都可以馬上聯想到這跟自家小孩的情況很像。任何一位父母越不需要說什麼話來糾正孩子的行為，就表示他或她在這個親子關係裡越有權威。如果一位母親只要嚴厲地看孩子一眼，孩子就會把腳從沙發上放下來，他們之間的親子關係一定不同於以下這種情況：孩子完全不理會母親臉上不贊成的表情，總是擺出一副不高興的樣子，或者沒事就愛頂嘴。不管父母要求了多少次或者要求的音量有多大，一個孩子都拒絕順從父母的意願，就等於在暗示誰才是真正的老大。

因此，一個人可能會因為某個地位比他低的人給了一個非言語式的命令而勃然大怒，譬如，對方將食指舉到半空中，彷彿在說「噓，安靜」或「等一下」；用手指指著他，好像在說「嘿，就是你」；又或者開車的時候用手勢要他慢下來，就像是在說「聽我的」。事實上，在任何可能的互動裡，地位較低的人鮮少會用手指指著其他人。用手指去指，意味著定罪和權威，以及對自己地位的自信。

你可以觀察任何一對人士的交談狀況，就算你聽不到他們在說什麼，但如果其中一位正在用手指指著對方，這個人就是握有權力的人（或者自覺得到授權的人，因為他相信自己有比較高的道德標準）。

向內聚焦或向外聚焦

這裡有個場景：你目擊到有個人大步走進另一個人的辦公室。他關上門，因此你聽不到他在問什麼，但是你隱約聽到了對方的回應，它有兩種：

回應A：「你在說什麼？」

回應B：「我不知道你在說什麼？」

猜猜看，哪一個回應代表坐在辦公室裡的人在地位上比走進辦公室的那個人來得高？就算猜錯了，也別難過，因為大多數人都會猜錯。

回應A代表坐在辦公室的那個人地位比較高。心理學家詹姆斯・潘尼貝克解釋說，權力在握的人會比地位較低的人較少使用代名詞「我」。這是因為代名詞代表的是我們的焦點所在。[4]當我們自覺沒有安全感，需要有所防備時，就會變成自我導向（self-oriented），而當我們自覺擁有權力，握有掌控權時，就會變得對外導向（outward oriented）。[5]

我們對地位的認知，會透過一些細微的地方洩漏出來，就算只是最短暫的交流和互動。想想看「你應該知道」和「我想要你知道」這兩者之間的不同。「你應該知道」來自於一個地位較高的位置，因為它是(a)向外聚焦，還有(b)用事實來措辭，也就是「你應該知道某件事」。相反的，第二個句法暗示你不見得知道這個資訊，但這是一件「我想要跟你分享」的事。焦點在於我的需求，不是你的。讓我們再看兩則簡訊的例子，就能知道為什麼短短幾個字居然會有這麼多暗示。

回應A：「早安，請原諒我拖了好久才回訊息給你。完全同意，那看起來很棒，做得好。」

回應B：「早安，我很抱歉拖了好久才回訊息給你。請接受我的致歉。我完全同意，我認為它看起來棒極了，謝謝你。」

在第一條簡訊裡，我們看到的是一個自覺握有權力的人。她不為自己拖延的行徑負責，因此不跟對方道歉，反而要收訊者為她做一件事：原諒她的拖延。「我很抱歉」和「請原諒我拖了好久」這兩者有本質上的不同。「我很抱歉」這句話是為她所引起的傷害負起責任，至於「請原諒我拖了好久」（沒有加上「我很抱歉」），就只是向對方提出一個請求，完全不承認自己有錯。

讓我們再看一個例子。甲意外撞到無辜又心神恍惚的乙，兩人的專業地位一樣。甲說：「我很抱歉。」（I'm so sorry.）乙說：「原諒我。」（Excuse me.）其中，「原諒我」是被動而非主動（淡化了責任歸屬），它把自我放在第二位（向外聚焦），對聽者提出一個請求：「我要你為我做一件事：不要跟我計較」（這是對權力不言而喻的暗示）。還有另一點可以證明這種心態，那就是你可以開玩笑地說「原諒我」，因為它本來就不是在真心認錯。但相反的，「我很抱歉」是不能用嘲弄的語氣說出來的，除非是非常誇張的舞臺效果；因為它是主動語態，而且「我」這個代名詞所代表的責任歸屬，本來就是一種誠懇的表達方式。[6]

雖然說這兩句話都算得宜，好過於「你這個王八蛋，走路看路好不好」，但是發生在走廊上的這兩句喃喃自語，也透露出甲乙各自的個性，呈現這種語法下的一種模式，以及人際關係動態學（relationship dynamic）。要不是甲這個人比較願意為自己的舉動承擔責任（代表心理很健康），就是他可能有自卑感，很快就自行承擔責任（代表心理不太健康）。我們無法根據這次的交流互動，就斷定出任何一方的情緒健康與否，如果我們能更清楚這兩個人各自在生活裡的地位，就可以從這個簡單的互動裡看出更多端倪。

如果場景相同，卻換成是一位四星上將撞到一名新進學員，我們要是聽到上將說「我很抱歉」，學員回答「原諒我」，恐怕會令人很驚訝。情緒健康的學員的焦點應該是往內，製造出一種自我聚焦的認錯心理，譬如「我很抱歉」。但話說回來，也未必都是如此。「原諒我，長官。」這句話也算得體，但再重申一次，這也可能暗示出有關這名學員的一些事情。

如果我們再加入一點狀況：學員把酒吐在將軍身上。那麼，學員只說「原諒我，長官」恐怕就不夠了。我們認為，在這種情況下，應該會有情緒更強烈的第一人稱致歉語從學員嘴裡說出來。要是他沒說，表示他對地位的認知是反常的，需要探索一下他的情緒健康。

另外，我們也會倚賴極為精準的視覺線索：頭的傾斜方向。當一個人因為自己的舉動或被譴責而感到羞愧時，你會注意到他會微微低頭。這表示他深感懊悔，也代表他屈服了。但如果他的下巴上揚，則是因為他覺得被挑釁，不太可能會讓步致歉。[7]你會在小孩身上看到這類本能反應。當一個小孩被斥責時，他的頭會低下去。同樣的，如果是被誤解或指控，多數情緒健康的成人都會微微地揚起頭來，代表自己受到冒犯，就像是在跟對方說：「你在說什麼啊？」

在第三部分裡，我們會回到這名老是發生意外的學員身上，以便瞭解如何靠觀察他跟別人的互動，甚至是跟無生命物體的互動，來看出人格類型及各種異常。因為「我沒辦法打開這扇窗戶」、「這扇窗戶卡住了」和「這扇窗戶壞了」三種不同說法的說話者，有很大的差別。接下來，我們也將繼續學習如何在某個特定情況下去解讀一個人。你會瞭解到冷靜和自信看起來是什麼樣子，憤怒和焦慮又是如何透過一些細微的舉動洩漏出來。

第5章·解讀心情

「全神貫注」的運動員或藝術家，表現都會很完美，那是因為當她專注於一個目標的時候，注意力只放在需要完成的事情上。同理，一個自信的人能夠對外專注在目標上，於是那個「我」就消失了（就像語法裡的「我」消失了一樣）。

當然，有時候專注在自己身上，也是很合理的。你有沒有注意到，當你手裡拿著一杯燙到冒煙的咖啡或茶時，你是怎麼啜飲第一口的。你的專注力會非常強；你的動作會很慢；你會盯著正在靠近嘴巴的那個杯子，然後想喝又不敢喝地小心品嚐。你的這種行為代表了其中有風險。隨著關注度的上升（在這個例子裡，關注的是不想被燙傷），連鎖反應出現了：自信降低（因為風險很大），視角變窄（因為自我出現了，我們會變得害怕），焦慮感上升（因為這個自我必須感受到一切都在自己的掌控中）。這種連鎖反應不會只出現在喝熱飲這件事情上。如果你知道該去注意什麼，就很容易看出對方是有自信（還是缺乏自信）。

自信的心理學

如果有人要求你沿著地板上一條很寬的油漆線走，你會完全放鬆和自在地走在上面。你可能會低頭看一下，確定方向沒錯，在穿過房間時，也會抬頭四處張望一會兒。或許你會查看正在響的手機，隨性地閒談。如果要求你走在一條比較窄的油漆線上，你的注意力會明顯提升。但是，如果同一條細線是畫在二十層樓高的一塊木板上，你會走得很慢，非常留意每個步伐，只專注在自己的腳步上，而且當然不會使用手機或欣賞眼前的景致。你會完全地自我聚焦，因為你的人身安全面臨風險。[1] 同樣的道理也適用在情緒的安全感上。

你要如何分辨誰覺得自己走在地上，誰又覺得自己像是走在二十英尺高的半空中？比較注意自身的人，是比較焦慮的人。我們來更深入地探查這個流程。一個人的行動可以分成四個階段：

1、**無意識的無能**：是指當事者不知道自己做得不對。

2、**有意識的無能**：是指當事者很清楚自己並不具備那種可以施展功效的必要技術。

3、**有意識的勝任**：是指當事者很清楚自己需要做什麼，而且必須要有這樣的認知才能讓自己施展能力。

4、**無意識的勝任**：是指當事者可以正確且必要地將自己的能力施展出來，而且不需要用上全部或部分的注意力。

學習開手排車的過程，正好可以用來刻劃這四種階段。一開始會感覺很生疏，但最後會練到對換檔動作完全不加思索，整個動作流程被整合進肌肉記憶裡，可以很本能地施展。肌肉記憶跟程序記憶息息相關，它是一種無意識的長期記憶，可以幫助我們以極小的注意力來施展特定任務，我們不用靠自覺意識就能自動存取程序記憶。

同理，你會留意到新手駕駛和經驗豐富的老手之間的對比。前者在開車時會逐一檢查。倒車時，目光會注意變速桿，他的頭會微微下傾，腳慢慢鬆開離合器，踩上油門。一次只能做一件事。倒車時，他不敢同時伸手繫上安全帶，也不敢單靠膝蓋穩住方向盤，以便用手打開飲料蓋。但如果我們加進一個壓力源，比方說能見度是零的暴風雪，老手駕駛會怎麼做呢？他會關掉收音機，兩隻手標準地以八點鐘和四點鐘的方向穩穩抓住方向盤。**在心理學上，高風險會窄化我們的視角，增加我們的焦慮，並重新定位自己的焦點。**

你在跟一名員工閒聊時，留意到對方伸手去拿一罐觸手可及的汽水。對方盯著自己的手伸向那罐飲料，然後又盯著那隻手拿起飲料靠近嘴巴。這是因為你的員工覺得沒有安全感，因此不相信自己能做好這個已經做了成千上萬次、根本不用特別留意的動作。這顯示出，這場原本該是友好的自然邂逅，為他製造出很高的焦慮感。

不管是會議、約會或問訊，如果對方覺得緊張，就會高度意識到自己所說的話和所做的事。他們的態度可能會變得拘謹，動作和手勢會很笨拙、很不自然。本來是無意識的動作，居然變成高度覺知狀態下的一部分。

焦慮的影響

如果你曾經緊張到腦中一片空白或者在壓力下突然說不出話來，罪魁禍首正是自我聚焦的突然升高。一個正常來說應該是不假思索或無意識的活動突然被打斷，而打斷它的正是你對這個活動的意識和思考。風險越高，焦慮就越深，我們的各種認知官能（cognitive faculties）不斷被攻陷。最後的結果是什麼？我們的表現會受到影響。

因為焦慮會把我們的焦點移到自己身上，於是吸收新知的能力被削弱。你有沒有在派對上剛認識某人，但才介紹完，你就忘了對方名字的經驗？同樣的，當我們緊張的時候，就只能理解字面上的意義，因為我們的腦袋正忙著掃視任何看得到的威脅。在腦袋試圖搞懂狀況的時候，我們通常無法處理任何超過表面意義以外的資訊。面對任何威脅（不管是生理上或情緒上），我們都處於高度警戒的狀態。認知資源都被轉移到別的地方去了，所以完全無法做出任何能沾到一點邊的聯想。

因此，在面對威脅時，我們通常沒辦法領會幽默，尤其是挖苦的那種。要辨識出別人的挖苦，我們必須先覺察到表面（字面）意義和背後含意這兩者之間的矛盾性。[2] 我們需要前額葉皮質（prefrontal cortex，負責思考的腦區）來整合表面意義和說話者的背後含意。但因為焦慮或憤怒會造成大腦活化那個比較原始的杏仁體（Amygdala，情緒反應中心），於是我們回應的時間就會變慢。我們得先把負責思考的腦區接上線，才能理解那個隱含的意義或推論。而在現實生活裡，這會是什麼景況呢？焦慮的人完全聽不懂對方的嘲諷，他們目光呆滯或是先緊張地乾笑幾聲，才突然恍然大悟。

焦慮的生理表現

焦慮的表現包括：坐立不安、摸自己的臉和頭髮、抓皮膚、搓腿，還有把玩自己的手指。請留意以下幾種緊張焦慮或恐懼的跡象：

- **臉會變得通紅或者因極度恐懼而發白。**你會看到對方正在急促的呼吸和盜汗。除此之外，留意他是不是正在設法控制自己的呼吸，企圖冷靜下來。他為了保持冷靜所做的努力，看起來就像是正在用力深呼吸一樣。
- **聲音或身體發顫或發抖。**他的手也許在發抖。如果他把手藏起來，有可能是在試著掩飾那股控制不住的抖動。他的聲音可能嘶啞，似乎無法連貫。

‧**難以吞嚥，也就是「說不出話來」的表情**。電視或電影演員在演出恐懼或悲傷的情緒時，經常會用這種表情。清理喉嚨也是緊張的信號。焦慮會造成喉嚨有痰。一個公開演講的人在緊張時，通常會先清清喉嚨才開講。

‧**嗓音改變**。聲帶就像所有肌肉一樣會在處於緊張狀態時變得很緊，於是製造出較高的嗓音或者高八度的高音。

焦慮的語言

由於情緒上的窘迫會把我們的注意力轉向往內，人稱代名詞的使用就成了焦慮狀態的一種指標。不是所有代名詞都生而平等。人稱代名詞裡受格的我，就跟主格的我一樣，都代表對內導向（inward orientation），但因為受格的我經常用在被動語態裡，也就是某樣東西作用在這個人身上，而不是這個人採取行動，所以會給人一種無助和脆弱的感覺。

如果受格的我用得過多，焦慮的警鈴聲就會前所有未有地響亮。舉例來說：

「我胃痛。」／「我的胃痛死我了。」

「你為什麼要大吼大叫？」／「你為什麼要對我大吼大叫？」

由於焦慮和憤怒是糾纏連結的，所以憤怒狀態也會跟受格的我的語言有關聯。在兩種狀態裡，當事者都會將自己視為受害者，因此會啟動受格的我的語言。譬如，「你怎麼可以對我做這種事？」

焦慮狀態也很容易從「限定詞」（qualifiers）的使用而窺看出來，這是一種舉棋不定或優柔寡斷的表現，例如「我認為」、「我試問」或「我猜」。限定詞的使用次數，會隨著一個人的焦慮程度而增加，而且通常都用在那個已經完成的動詞前面，以淡化說話者的肯定語氣。[3]當你知道某件事是千真萬確時，就不覺得有必要拿自己或別人當墊背去撐起那份自信。

舉例來說，除非是存在主義者的左右兩難，否則你不會說「我相信我存在」。你知道你存在，因此不必用限定詞就能說出真理：「我存在。」想像你正飽受皮疹之苦，很不舒服，於是跑去找皮膚專科醫師。她在詳細檢查後，給了你一張處方箋，然後說「這個藥會有效」或「我想這個藥會有效」。你寧願聽到哪一種說法？限定詞會破壞了你對醫師的信心，而不是強化它。

所有這一切都表明，只有在表達主觀（而非客觀）的資訊，也就是意見、偏好或欲望時，限定詞的使用才是在暗示安全感的缺乏或舉棋不定（詳見第十章）。這種語法的解碼難度，會因為焦慮被壓抑而變得更複雜。比方說，我們稍後會看到自戀者是用明確而非試探性的言語，在補償他那根深柢固的不安全感。

要精準偵測出一個處於焦慮狀態的人，就得先看這個限定詞是否夾帶另一個標記，也就是語言學裡的「縮回詞」（retractor），例如：但是、雖然、不過、儘管如此。這種語言模式強化了焦慮的存在，因為它就像限定詞一樣代表語氣是猶豫的。限定詞是行動前的猶豫，縮回詞是行動後的猶豫。[4] 縮回詞和限定詞透露出當事者的過度審慎和優柔寡斷。事實上，他們是把逃脫計畫鋪設進的未來行動裡，譬如「我想這可能沒關係吧，但是我也不知道。」「我猜這可能是合理的，所以我會去試一下，不過……」。這表示對方不只處於焦慮狀態，也顯示焦慮的另一個近親也在，那就是對脆弱、風險或失敗的執著與害怕。

除此之外，否定（例如：不行、不是、絕不）和負面（例如：失敗、糟糕、可憐）這類字詞，也都與越來越深的焦慮感和沒有安全感息息相關。同樣的處境下，你可以有正面的說法，也可以有負面的說法。換言之，「或許它有機會成功」或「或許我們也有成功的可能」，說這種話的人感覺會比說「可能會失敗」或「不太可能成功」的人，更有自信一點（又或者威脅沒那麼大）。

我們一定要把「特質」和「狀態」區分清楚。換言之，你要判斷某人是因為個性本質的問題才表現出某種行為，還是這只是他在特定情境下所做出的反應。**狀態是暫時性的感受，它反映出我們對現狀的思維或回應。特質則是一種比較穩定的特性，或是思維、感覺和行為模式，因此是未來行為的重要預測器。**比方說有焦慮特質的人，總是把一個「安全」的處境認定是險惡的，於是會有不成比例的高度焦慮傾向。[5] 如果一個人本能地對很多瑣事感到擔心（特質），就比較有可能在任何情況下都是很緊張的（狀態）。[6]

要確認你觀察到的是特質還是狀態（或者兩者皆有），就得留意其中的頻率、持續時間、強度和背景脈絡，這在第三部分和第四部分會有更詳盡的說明。

♠撲克玩家

令人緊張的賭博下注，通常都是因為有一手勝算很高的牌，賭客的神經繃得很緊（「就是這一刻，我要發財了！」）。他必須確保自己能贏上一把，不會搞砸。

但有趣且反常的是，一個正在虛張聲勢的人，會基於兩個理由而表現出若無其事的樣子：第一個理由是，他正在營造在別人心目中的印象，想要人家看到他的毫不在乎和鎮定自如。而第二個理由就有比較深的心理層面了，那就是他掌控了一切。他可以下注、可以加注，也可以棄牌。他決定要虛張聲勢，而這種掌控一切的感覺令他變得更有自信。至於握有一手勝算很高的牌的人，除了下注、看牌或加注之外，沒有其他合情合理的選擇。他不能棄牌，所以壓力只會更大，不會變小。

恐懼導致憤怒

一般而言，我們的自尊越低，且這個令人不安的真相對我們的自我形象影響特別大，我們就越是恐懼。那個自我告訴我們，我們很容易受傷而且有危險，於是進入「戰鬥－逃跑－僵住」（fight-flight-freeze）的反應，這是你對感知到的威脅所產生的一種生理反應，不管這個威脅是實質上還是情緒上的。交感神經系統會活化腎上腺，使其釋出腎上腺素、去甲腎上腺素和皮質醇到血液裡。這些激素的注入會將人體的反應機制從前額葉皮質變成杏仁體。一個生氣的人在某種程度上也是恐懼的。恐懼的反應（即自我為了補償損失所做出的嘗試）就是憤怒。憤怒會帶給你一種掌控的錯覺，因為生理上這些物質的釋出，會提高一個人的覺察力、幹勁和力氣。而在情緒上，憤怒會把我們的注意力從自己身上移開，仿製出我們已經比較安全的感覺。我們來看看以下各種可能導致憤怒的境遇，瞭解這個過程是如何以一貫的類似方式呈現出來：[7]

- 馬路上有人開車快速變換車道，插入到你前面（催化劑）⬇你無法控制這個場面，因為你必須緊急轉向或者急踩剎車，免得發生事故。⬇這使你變得害怕，心想「要是沒反應過來，不知道會出什麼事」。⬇然後你開始對那名駕駛感到憤怒。
- 你的孩子拒絕穿上厚外套（催化劑）⬇你覺得自己無法控制這個場面。⬇你可能擔心她不尊重你，以後你叫她做什麼事，她都不會聽你的了。⬇然後你開始氣她不聽你的話。

· 有人對你很沒禮貌（催化劑）⬇這要看對方是誰，但是這種不尊重人的行徑可能造成你懷疑自己。⬇在某種程度上，你可能開始擔心他不喜歡你或者不尊重你，使你開始質疑自己的自我價值和形象。⬇你變得憤怒，因為你希望別人對待你和理解你的方式，要跟眼前的情勢不一樣。

我們對掌控感的需求也延伸到一些不涉及他人的境遇裡。譬如：

· 你在黑暗中被一張椅子絆到（催化劑）⬇你失去掌控權，因為你本來計畫從A點一路順暢地走到B點，結果計畫被破壞。⬇這造成你開始害怕，因為你可能已經受傷。⬇然後你變得憤怒。（有趣的是，有些人會對自己憤怒，或對椅子憤怒而踢它一腳，或甚至對把椅子擺在這裡而害你絆倒的人憤怒。）

從邏輯上來說，憤怒無法提供真正的滿足感或心理上的安慰。那是我們的自我在感覺脆弱時的一種防衛機制，但是我們會因此失控，隨著每一次的憤怒思維和行動而在情緒上變得更無力。

憤怒的語言

他說他很生氣，但這可能只是他假裝的。她寫信告訴你一切都好，但你認為她一定在生悶氣，也許正在計畫或策畫什麼。就算一個人很生氣，也不表示他會馬上展開攻擊。一個人的個性會決定他的慣有做法。[8]

- **堅定—好鬥型（戰鬥）**：他會挺身對抗，公然性地控制住這個場面（或你）。他知道他很生氣，而且不怕表現出來。
- **被動—好鬥型（戰鬥—逃跑）**：他的憤怒會從很細微的地方洩漏出來。他知道自己在生氣，可是無法處理對峙的場面。而無法直接對峙的他，只好暗地裡尋求控制權。
- **壓抑型（逃跑）**：他在意識上不承認自己在生氣，因此會控制住自己的脾氣，把情緒壓抑下來，告訴自己，他一點也不生氣。
- **停滯型（僵住）**：他隱藏自己的憤怒。由於無力感，他會關閉自己，把自己跟那份痛苦隔離開來。他心想，「我可以把世界關在外面，我就安全了，我才會有控制權。」

・**屈服型（逃跑）**：他會告訴自己，不值得為自己挺身而出，或者這一切根本就不值得。

從文法上來說，一個憤怒的狀態可以從使用更多第二人稱和第三人稱代名詞看出端倪。[9]別忘了，第一人稱是「我」的視角，第二人稱是「你」的視角，第三人稱是「他」的視角。

當你生氣的時候，代名詞的移位（從第一人稱移到第二人稱和第三人稱）是很合理的。在情緒上，憤怒是用來疏通、掩飾，或者把我們的注意力從自己身上引開。而我們使用的語言也會遵循同樣的路徑：遠離「我」，移向「你」，等於是在釋出敵意（以及語言學裡的自我防衛或轉向），暗示憤怒的狀態。[10]

反常的是，憤怒狀態也會製造出「我」的語言，哪怕這個代名詞「我」的使用頻率比較少。雖然代名詞的受格「我」通常是用來表達被動（也就是有某件事或某個人「作用在我身上」），但因為一個憤怒的人會把自己看成是（某種外力下的）受害者，因此成了不公平對待或被冤枉虐待的對象，譬如：「你怎麼敢這樣對我？」「這種事怎麼會發生在我身上？」於是這個憤怒的人會提出更多（無需回答的）問題。這些問題往往都是不需要你回答的問法，譬如：「你有什麼毛病啊？」「你對我做了什麼？」「你從哪裡學會怎麼打字的？」再加上更多髒話、更多否定用語（例如：不行、不是、絕不）和負面用語（例如：失敗、損失、憎恨）。[11]

過度的憤怒（堅定－好鬥型）很容易辨識出來。如果有個人正在尖叫或斥責你，顯然這就是對方當下的感受。但憤怒不會總是外顯出來。事實上，有時候它會被完全忍住（有意識地阻斷不想要有的思緒或衝動）或壓抑（無意識地阻斷）。**限定詞和縮回詞的缺乏、具體名詞的增加、虛詞的減少，這些都可靠地暗示出潛在的敵意。**由於憤怒會幫我們壯膽，因此它的語言一定是明確和絕對的。你可以把它想像成大膽的色彩，而不是粉彩。要是限定詞和縮回詞界定的是焦慮狀態，那麼它們的缺席就代表了憤怒的狀態。語言學上的分析，顯示出一個有潛在敵意的人，會減少使用限定詞和縮回詞。注意以下說法A所帶給人的真實情緒印象，至於說法B的感覺則是不痛不癢到幾乎有點好笑。

說法A：只要一想到你偷我東西，我就很生氣。

說法B：我相信（限定詞）只要一想到你偷我東西，我就很生氣，不過（縮回詞）……

沒有限定詞的語言，也意味著具體名詞的使用會增加，虛詞會減少。[12]一個憤怒的人使用的是直接和斬釘截鐵的語言，因為他不想有任何誤解。這表示句子裡會有精準和適當的名詞（也就是名字和地方），譬如：「我已經告知吉姆三次，不要讓會計進到行政套房」而不是「我已經告知他好多次，不要讓他進到這裡」。第一個例句的意思很清楚明白，不用倚賴共同的知識或視角。

誠如我們所學到的，在憤怒的狀態裡，自我會完全現身。我們的語言裡沒有主格和受格的「我們」，因為我們不想跟所鄙視的那個人或東西有任何關聯或分享。不管說話的語氣有多冷靜，或者多刻意地用笑臉符號編寫出一篇文字，還是有怒氣在裡頭，或至少洩露出一些沮喪。

在面對面的互動裡，要留意到微笑是最常被用來掩飾情緒的面具，因為它最容易掩蓋憤怒、嫌惡、悲傷或恐懼這些臉部下方的表情。換言之，一個不想把真實情緒暴露出來的人，可能會「掛上一張快樂的臉」。真正的笑容可以點亮整張臉。但如果笑容是被逼的，這個人的嘴巴會關上和緊閉，眼睛或前額沒有動作。這就類似有人因為某個笑話而感到尷尬，但想要假裝他覺得這個笑話很好笑，所以你看到的「只是嘴唇」在笑，不是那種整張臉的露齒大笑。

誠如我們在第一部分所學到的，在思維與感受方面，關於意圖的情緒樣貌通常不是那麼明顯。一個人縱然覺得很沒安全感，也可能表現得很誠懇。又或者他們不認為自己在騙你，而是在騙自己，相信自己所說的都是真的。在第二部分裡，利害更攸關，手段更高竿，因為目標很清楚。現在，與他們徒手交鋒的人是你。你要面對的問題是：對方是一個會竭誠幫助你的人，還是一有機會就在背後捅你一刀的人？

Part／02

人肉測謊機

你是在對付真正的壞蛋嗎？對方是操縱大師還是徹底的行騙高手？在接下來這幾章，你將學會如何輕易辨識某人是來幫你的，還是來騙你的。你要學會保護自己，也保護你所愛的，包括情感、財務和物質上，不要讓你的心或荷包被騙走或竊取走。有了這些技巧，你再也不會被愚弄、被欺瞞，或者被占便宜。

第6章 · 評估誠信

每當你在跟一個動機可疑的人說話時，都應該先反問自己：這個人可能對我坦白嗎？他願意開誠布公地談嗎？還是會耍什麼花招？要找出真相，我們得先來看一下賽局理論和最後通牒遊戲，它是以色列的經濟學家艾里爾・魯賓斯坦（Ariel Rubinstein）創建的。

魯賓斯坦給隨機挑選出來的陌生人一個參與遊戲的機會。在遊戲裡，每兩人一組，兩位參與者完全匿名，而且只互動一次。每組人都有一百美元，但關鍵在於（每組裡）只有一個人被隨機挑選出來，由他來決定如何分這筆錢。接受方只有接受或拒絕這兩種選擇。若選擇接受，兩人就按照這個分法來分錢；若選擇拒絕，兩人都會空手而歸。[1] 魯賓斯坦精準地預測出，有權決定如何分這筆錢的人留給自己的錢通常會比分給對方的錢多，所以鮮少是慷慨的。這樣的結果其實沒有什麼好意外的。但真正有趣的是，後續研究透露出你如何透過觀察單一行為，來預測接受方接受提議的可能性，也就是會不會合作。

研究人員錄下了接受方在面對不公平的提議時臉上的表情，結果發現合作者（接受提議的人）在回應不公的提議時，會表現出比較多的情緒。[2] 換言之，要是他們不喜歡這個提議，不會不露聲色地掩飾自己的不滿或「裝出一副笑臉」。就算他們最後接受了提議，還是會表現出自己的不滿。[3] 這份研究的結論是，情緒的表現是合作和可信度的一個強烈指標。[4]

這項研究也帶領著我和團隊去做現場實測，想知道能不能用另一種方法來判定一個人的合作可能性。以下是我們的精準發現：**如果一個人會敘述他目前的行為，就是在強烈暗示他想開誠布公地討論。**比方說，一位同事走進你的辦公室，他一邊找一個舒服的位置，一邊大聲說：「先讓我坐好」、「好了，先讓我坐下來」，或者「我正要打開這罐飲料」。雖然這顯然是他正在做的動作，但這個敘述暗示了對方想要行事公開透明，建立連結，而這完全吻合合作的意向，而不是對抗。[5]

你可以看到父母、老師或保母在哄小孩玩遊戲時，也差不多是這樣。過程中，大人一定是邊說邊做，因為他們正在試圖跟小孩建立連結。「我們一起打開這個盒子……

哦，我們看看這裡面有什麼呢？我按它的肚子，它會嘰嘰叫喔！」我們看到這樣的對話，都會直覺認定這個大人想要跟這個孩子打好關係。現在再想像另一幅畫面，有個大人不發一語地拿出玩具，把每樣東西都擺出來，完全沒有開口說話。除非他是想要營造什麼懸疑氣氛來給孩子一個驚喜，否則我們會覺得這個人過於冷漠，很疏遠。

我們必須覺得所在環境是舒服自在的，才會出現自我敘述。但有時候這種敘述要是感覺格格不入，反而會起人疑竇。要是你在警局裡看到一個嫌犯（不管對方有多無辜）一邊走進局裡一邊說：「好吧，警探，讓我先把外套脫下來，找個好位子坐下。」你一定會覺得很奇怪。就算我們都認定無辜人士說起話來會比較坦誠，但是剛到首次接觸的環境時，應該會心存防備才對。

不涉及語言的防護罩

你可以輕易地看出有人因某個特定主題而一副如魚得水的模樣，因為你會留意到對方很自在地處於你們之間的空間裡。通常只要我們想要拉近彼此的關係，就會自然而然地坐得很近或是往對方靠攏。但要是有人覺得不自在或不感興趣，便會把身體轉向出口，或者往那個方向移動。就算他是站著，也可能背靠著牆壁。請留意對方有沒有利用什麼無生命的物體（例如靠枕、花瓶或任何東西）當成障礙物擋在你和他之間。對方拿出障礙物時，就等於在跟你說：「我不想談這件事。」但因為他沒辦法起身離開，於是就用實際的障礙物充當他的不悅，擋在他和那個不安來源的中間。

這就像我們在撒謊時，眼神會自然而然地閃躲，並在情緒上把那個「我」藏起來，也會做出那種比較有防備和看不出表情的姿態。這些典型肢體語言線索裡的紅色警訊，都在告訴我們，放得開的姿態和手勢才是代表自信。

當人們的坐姿是把腿和手臂往身體靠攏時，他們可能是在暗示「我有些事情不想說」。當我們覺得自在和自信時，通常會把身體舒展開來，就像是在宣示我們所擁有的空間範圍。而當我們比較沒有安全感的時候，就會把手臂和腿往身體的方向收疊起來，少占一點空間。

引進一個壓力源

以上所提到的內容都是真的。但是，肢體語言太容易偽裝，所以整體來說，如果不是面對面，你很難光靠肢體語言去判斷對方。為了提升你的判讀能力，你必須稍微調高熱度，引進情緒上的壓力源。[6] 方法是提出一個問題或做出一個陳述，但內容並不是在指控對方，而是婉轉地提到可能的行為。如果他聽不懂你在暗示什麼，表示他可能沒有隱瞞，但要是他變得很防備，就代表他知道你看出了什麼，而他之所以知道的唯一理由，就是這個指控可能是真的。

懷疑：有個運輸單位的主管懷疑一名公車司機在上班時間喝酒。

提問：「約翰，我想請教你一件事。我有個在另一個終點站服務的同事，那裡有個司機好像有點問題。他覺得那個司機可能在值班時喝酒。你有什麼建議？他要怎麼跟那個司機談這件事呢？」

如果對方心裡有鬼，他會很不自在。但如果他值班時沒有喝酒，那麼他會很高興有人請教他的意見，於是提出自己的看法。

如果對方的回答類似這樣：「是誰跟你說了什麼嗎？」或是「為什麼你要問我對這件事的看法？」表示他很緊張。但這也不代表對方絕對心裡有鬼，不過你也許可以再加油添醋，提出指控，這會讓對方直接採取守勢。

對指控的反應

一般準則是，說真話是很直接又簡單的，不會令人費解，也不會繞來繞去，搞得複雜難懂。如果有個人不否認別人對他的指控，或者他把一個簡單的「否認」埋在兩頁長的隨想或十分鐘之久的抨擊裡，這就強烈暗示他是在欺騙。

一個真實可信的否認是直接又明瞭的，譬如：「不是我做的。」但是，對方要是用「你怎麼問我這種問題？」「這太瞎了！」「去問那些認識我的人，我絕對不會做這種事！」或「你怎麼可以懷疑我的誠實？」這類說法來加以否認，那就很啟人疑竇了，原因不是這個人太過此地無銀三百兩，而是這些回答都不是直接了當地否認。被誣告的人若是要說真話，就沒有理由不直接斬釘截鐵地否認。至於欺騙的人，當然會想拉開自己跟那個罪行的距離，卻又往往難以用明確的語言直接否認。

基準點是，如果某人殺了妻子，你可能會聽到對方說，他有多愛老婆，絕對不會做這種事，或者他不是惡魔，也不是瘋子。如果一名老師虐待學生，你可能會聽到對方說，他絕對不會傷害小孩，或他不是一個性變態，又或者學校裡每個人都很愛戴他。如果你的員工從公司裡竊取財物，或者保母傷害你的小孩，你可能會聽到對方說：「大家都喜歡我……我這個人在名聲上是沒有汙點的……我不是壞人。」這一切的回答可能都是美好又真實的（就算回應裡有這類長篇大論的說法，也是可以，但應該是先直接否認，後面才長篇大論），但這個人的回應重點應該是：先對這個行為做出清楚明白的否認，而不是一再想證明他不是會做出這種行為的人。[7]

雖然我們在講的是否認，但請記住，不是所有否認都生而平等。像是「我否認這些指控」的說法，就跟「不是我做的」不一樣。對指控的否認，意思是這個人拒絕承認有罪，但這跟否認做過這個行為是不一樣的。真實可信的否認，是清清楚楚的「不是」兩個字。只有說「不是」，才是「不是」，也因此說「是」，就是「是」。

按照這個邏輯來看，對方要是拖拖拉拉的，就表示他不夠坦誠，因為他需要給自己一點時間來考慮各種可能性，為他的答案做好準備或者轉移話題。也因此，他可能請你再重覆一遍問題；他自己再重覆一遍問題；請你釐清問題後，他再釐清自己的答案；或者用另一個問題來回答你的問題。比方說，當你在面談一名保姆時，可能會問：「你有打過託你照顧的小孩嗎？」不合格的回答聽起來會像這樣：

「這是個好問題。」／「我很高興你提出這個問題。」

「說句老實話……」／「坦白說……」／「老實跟你說……」

「呃，這問題不像是非題那麼簡單。」

「你知道我很反對這種事，我覺得這在道德上來說應該受到譴責。」

除此之外，「我為什麼要騙你呢？」這句很常聽到也很令人討厭的話，也是不合格的回答。如果對方用這個答案來回應你的指控，你大可以懷疑對方。不過，如果有人被指控曾經做過什麼事，說不定他有什麼好理由才會騙你他沒做。所以，在任何情況下，如果你覺得對方在撒謊，最好不要直接拆穿。因為萬一你錯了，可能會傷了彼此的感情，造成這個人開始提防你，你就很難再挖掘出任何資訊。

撒謊要花力氣

由於說謊比說實話需要耗費更多的心神和力氣，因此騙子經常會走捷徑，也就是說，他們會在表達上盡量縮減那些需要深思和反省的東西。所以，你要留意以下四種情況，如果能聽到或判讀出其中一種或多種，就有懷疑的好理由了：

- 自以為是地發表意見，以及把一切哲理化
- 自我參照
- 內容複雜但空洞
- 對話過後感到鬆了一口氣

自以爲是地發表意見，以及把一切哲理化

無論是書面或口語的任何表述，只要是從公平或正義的角度去闡述，就很有問題，除非這個人是在懺悔，這些說法才會顯得理所當然。請留意哲理化的開場白，從「它

不應該是這樣」到「現在的孩子們都不瞭解」或「這不是我記憶中的國家」，都包含在內。自以為是地發表意見，以及把一切哲理化，這兩者背後的心態都是對方正在無意識地為自己的行為向內尋求正當的理由，並希望得到你的肯定，於是從頭到尾都在努力把自己塑造成一個有道德和正義感的人，擁有高尚的價值觀和理想。

自我參照

所謂自我參照，就是這個人會重新提到他之前說過的話，而這也是個危險的信號。在書面文字裡，人們會使用「誠如前文所述」、「誠如先前所提」和「誠如稍早前的解釋」這類措辭，來避免自己得再傳達一次不真實的內容，而且因為說謊得花上更多的腦力，所以比較簡單的方法就是要你自己回頭去參考他先前說過的話，免得他得再說一次謊話。而在對話裡，也有同樣的情況。你可能會聽到對方老是在說「就像我之前說過的」或者「我以前已經回答過這個問題了」。一般來說，說謊者比較有可能會重覆說同樣的字詞和短句，目的是要簡化故事，降低認知負荷。[8]

內容複雜但空洞

誠懇的說法和真實的表述，通常會使用比較複雜的句子結構，因為如果要精準陳述，就得做出區隔，使用「除了」、「沒有」、「但是」或「要不是」這類字詞。一個撒謊的人不太會用到這類字詞，因為這是一種認知上的負擔，他沒辦法在傳達自己真正做過的事和真正發生的事的同時，還得不停地回頭追蹤他不曾做過和沒有發生的事。

以產品評述這件事為例。評述越是如實，使用的句子就越有可能長度較長且較複雜。為什麼？因為評論者會在意見上做修飾，以確保內容無偽，這表示他不會說產品「是有史以來最好的東西」，反而會說「在很多方面，它算是有史以來最好的東西，但是在XYZ這一點上，就感覺有點過時了」。

務必要留意這個關鍵性的區別。說謊者傾向使用較長、較拐彎抹角，但不難懂的措辭。他們的句子總是繞來繞去，充斥著許多無意義的細節和沒有根據的推理。至於實話實說的人所用的句子，都很清楚而不會含糊，就算結構複雜，也會很直接。

在對話過後感到鬆了一口氣

因為欺騙是很耗精力的，所以當話題改變時，要小心觀察和傾聽對方是否變得比較開心？看起來比較放鬆？甚至可能給你一個笑容或者緊張地大笑。注意他的態度。他變得比較放鬆，沒有那麼防備了嗎？他露出的破綻，就在於他的心情改變得有多快和多戲劇化，這表示他對先前的話題感到不安。你可以測試他，看他是不是很快就改變話題。因為要是他被指控做了某項惡行，但其實是無辜的，他會恨死這樣的指控，堅持要把事情搞清楚，而且可能的話，現在就要講清楚，或者盡快搞清楚。他不只表達出想澄清的意願，也強烈想要做出澄清。但是，**犯錯的人只想改變話題，趕緊結束這場對話。而無辜人士總是想要更進一步地把話說清楚。**

雖然單看肢體語言這件事是出了名的不可靠，尤其是那些很好偽裝的肢體語言，但也因此出現了一個常被人忽略的機會點，而原因就在於肢體語言是很容易操縱的。在下一章裡，我們將學會一個人在「心存戒備」和「卸下心防」這兩種心態的互換過程中所出現的故作姿態，如何為我們開啟一扇窗來一窺對方的真正處境和盤算。

第7章．讀懂虛張聲勢

心理學家威廉．詹姆斯（William James）寫道：「我們不是因為快樂而大笑，我們是因為大笑而快樂。」有大量研究顯示，肢體語言不只能反映出我們的思維、感受和行為，也會影響它們。我們的身心會一起合作，形成所謂的體化認知（embodied cognition），這也解釋了我們的姿態（包括態度、姿勢和手勢）會帶來許多幾近瞬間的認知和行為變化。在某個研究裡，參與者被隨機找來做出豪邁開放的姿勢（四肢張開以及各種很占空間的姿態）或保守自持的姿勢。那些只做出六十秒鐘豪邁姿勢的人，不只覺得自己變得更強大和更有自信，在行為方式上也受到了影響，更願意去付諸行動。[1]而在另一個實驗裡，研究者隨機找來實驗對象，要求他們在椅子上癱坐或坐直，同時寫一份假的求職函，然後再請他們誠實地自我評鑑。結果發現，後者對自己在能力和才能上的評鑑，遠勝過於那些癱坐在椅子上的人的自我評鑑。[2]

從平常的觀察裡，我們可以透過一個人的整體舉止態度，來看出對方的自信程度，這是因為我們看得到那些吻合他思維的舉止。換言之，如果他低下頭，可能是因為心情低落。但我必須強調，這只適用於在對方毫無防備下所進行的觀察或互動。要是對方很清楚有人正在觀察他，譬如正在協商談判或進行權力鬥爭，那就另當別論了，因為他可能會用演的。關於肢體語言的線索，如果是在有所防備的互動情況下取得，往往都有誤導性。但也因為這個原因，我們才有了優勢。現在，讓我們透過科技的透鏡來看一下這其中的心理學。

蘋果公司犯的錯

當蘋果公司的 iPod 首度推出時，它有一個很不錯的賣點叫做「隨機播放」（shuffle）。在這個模式裡，歌曲是從你現有的播放清單裡隨機選取播放。問題是，真正的隨機不見得會讓你感到很隨機。使用者會聽到同一首歌被重覆播放，或者有幾首歌經常被輪到，至於其他歌曲至少短期而言都很少被播放或者沒被播放過。當你丟一枚硬幣時，正、反面出現的機率各半的情況，會隨著時間的拉長而呈現出來。但是，我們也可能連續丟出好幾次的正面或反面，這會讓人覺得好像是哪裡出了錯。於是蘋果推出了新的演算法，讓播放清單看起來更隨機一點，也就是根據我們所認知的隨機選取來播放歌曲。這是一個很有幫助的發明，因為它可以讓你聽到播放清單裡的所有歌曲，不過，買方要注意了：這種在歌曲播放上的完美平均分配，等於露出了破綻，證明它的隨機是造假的。

♠撲克玩家

如果賭客相信，在某一段時間裡某件事的發生頻率多到不正常，未來這件事會再出現的頻率就會降低，那他就大錯特錯了（甚至有一個醫學術語就是在形容這種心態：賭徒謬誤〔gamBler's fallacy〕）。或者換個說法，他誤以為隨機事件的發生機率有多少，得看之前發生過的頻率而定。比方說，如果你丟了五次硬幣，每次都是正面，你可能會以為下次應該就是反面。但是，因為每個事件都是獨立的，所以你每次丟硬幣會出現正面或反面的機率一樣是各半，跟先前你丟出了幾次的正面或反面完全無關。在撲克牌遊戲裡，一名賭客在贏了一大筆錢之後，就不太願意去虛張聲勢了，因為他認定，其他賭客不會相信他的運氣這麼好，可以連續贏上兩把，於是會戳穿他一定是拿著一手爛牌。

這讓我們進入了「有誰正在虛張聲勢」這個難解的謎團裡。跟蘋果公司類似的地方是，虛張聲勢的人必須模仿得看起來和聽起來煞有一回事的樣子。但這裡露出來的破綻是，真相就像真正的隨機一樣，不見得聽起來很真實。容我解釋一下這其中的心理學。假設你把幾張讓人看得很不舒服的犯罪現場照片給某人看，但她沒有什麼反應，你可能因此臆測這個人缺乏同理心、太冷漠，很可能就是犯案者。但是，就是基於這個理由，真正有罪的人幾乎都知道這時應該表現出作嘔的樣子。因為在他的想法裡，這是正常的好人在看到噁心的照片時會有的反應。這裡的意思並不是說，一個無辜的人就不會有類似的作嘔反應，只是她不覺得有必要做出這種反應。

我們再看另一個例子。一對夫妻被告知年幼的女兒失蹤了。他們心急如焚，可能會互相指責或者責怪自己，譬如：「我不應該讓她去那個朋友家。」「我為什麼要讓她單獨下車？」這些懊悔都意味著他們是無辜和無罪的。有罪的人鮮少會自攬責任，因為他們有罪，在他們的心裡，認為自己最不應該做的事情就是拿出一盞霓虹燈來照自己。而無辜的人不會隱藏自己的愧疚和自責情緒。他們會急著責怪自己當初可以怎麼做或應該怎麼做，憾事才不會發生。

有了這樣的認知，現在我們就能透過「印象管理」（impression management）以及每個人幾乎都會犯的普遍錯誤，來偵測出對方是否在虛張聲勢。[4]

在有防備的交談中

孫子在《孫子兵法》裡為虛張聲勢做出了精闢的見解：「故能而示之不能，用而示之不用，近而示之遠，遠而示之近。」當一個人在虛張聲勢時，他會操縱別人對他的印象，營造出「對的」的效果，以達到他要的目的。反過來說，一個真正可以信賴的人，對於別人怎麼看他並不感興趣，他不擔心自己的形象；而那些虛偽的人只在乎別人對他的印象，於是很努力地以某種形象示人。但問題在於，他往往演得太過頭，讓他的演算法失靈了。

當一個人其實很討厭某件事，卻假裝喜歡它，又或者他很喜歡某件事，卻假裝討厭它，就是在虛張聲勢。也因此，當一個人在虛張聲勢時，就算他真的在乎什麼，也會試圖表現得毫不在乎，而當他真的不在乎什麼時，又會假裝他很在乎。不管是哪一種，他都是在企圖營造出一種假象來掩飾真正的意圖。而關鍵就在這裡：**虛張聲勢的**

人會習慣性地矯枉過正，無論是往哪個方向。你可以立刻揭穿對方，而方法就是留意他是如何極力表現。

♠撲克玩家

有個打牌的賭客賭得很大，不斷加注。他是因為有一手好牌，還是只是放膽一試？握有一手牌的賭客在虛張聲勢時，是想讓其他人知道自己毫不膽怯。他可能很快就把錢丟進去。但如果他真的有一手好牌，他可能怎麼做呢？他也許會謹慎一點，慢慢加注，表現出自己並不太確定手裡的牌。

撲克專家都知道，一個虛張聲勢的人，會故意製造出手裡的牌勝算很高的印象，至於手中的牌真的勝算很高的人，則往往表現出手裡的牌不怎麼樣的樣子。

某個律師事務所的一名合夥人說，除非允許他接某件案子，否則他就不幹了。這只是空口威脅，還是真有其事？如果是真有其事，他可能不會這麼信誓旦旦。但如果他只是在虛張聲勢，我們很容易留意到一種過度自信的態度。當然，我們假設的前提是，既然他已經在這家公司工作，自然是想待在這裡，除非他得不到想要的那件案子，才會「被迫」離開。而邏輯告訴我們，他寧可留下來拿到這件案子，也不想因為沒拿到案子而離開這家公司。因此，如果他表現得要是沒拿到案子，一定會鐵了心離開，你就可以認定他只是在虛張聲勢，因為我們都知道他並不是真的想離開，只是在企圖製造出那種印象。

莎士比亞的《哈姆雷特》（*Hamlet*）裡有一句臺詞是「以我之見，這位女士申辯得太多了」。說這句話的人是葛特露王后（Queen Gertrude），戲裡的她觀察到有個角色演戲時表演得太過誇張，變得有點假惺惺。這表示，如果一個人表現得太過頭，便是在隱瞞某種真相。人們可能會先撐起一個場面，因為他們知道如果有一天得要出面捍衛自己的立場時，一定會就地被瓦解。據說，最容易被推銷的人，就是那些在門前掛著「謝絕推銷」牌子的人。原因是，這些人清楚知道，如果有推銷員找上他們，不管對方賣的是什麼，他們一定都會照單全收。

同理，要是那位律師在事與願違時真的會辭職，那麼他應該會表現得很不情願，甚至感到矛盾，他使用的措辭會像是：「很抱歉，我必須這麼做才能完成工作」或者「我擔心這其中沒有很大的協商空間」。這種說法不是在幫他自己建立防護罩，但對反對者來說多少會感到安慰。

你不用推銷真相，因為真相本身就會說話。萬聖節時，號稱「嚇人」的擺設從來嚇唬不了任何人。如果你年紀夠大，讀得懂那幾個嚇人的字，就會明白它們只是拙劣的替代品，達不到預期效果。強調式的宣言，也就是所謂的「吹噓式表達」，通常指的是主動式的印象管理。試想，如果有個嫌疑犯說自己「百分之百無罪」或者「絕對百分之百肯定……」，會給人什麼樣的感覺？人們會說出這種話，通常是想為自己塑造出自信的形象。但如果我問的是你有沒有搶過銀行，你應該回答「沒有」，而不是「我確定從來沒有搶過銀行」或「我保證我從來沒有搶過銀行」。

沒有在虛張聲勢的人通常表情比較嚴肅，不容易情緒化。我們再拿前面那位律師為例，如果他沒有虛張聲勢，那麼他要是沒拿到案子，就真的會辭職；如果他只是在虛張聲勢，那麼不管結果如何都無所謂，因為他沒有要辭職。這兩種人的態度是完全不同的，所以要弄清楚對方究竟是在虛張聲勢，還是真有其事。一切跟著邏輯走。一個典型的威脅，是指這個人並不想執行這個威脅，因為他還想要其他更多的東西，不然他就會直接做所威脅的那件事，根本不會警告你。換言之，如果有個人說：「你給我X，不然我就做出Y。」這個人一定是寧願有X，而不是想做出Y。否則他就不會說出這句話。

一流的威脅評估專家蓋文貝克（Gavin de Becker）的解釋是，威脅通常代表的是絕望而非意圖。[5] 威脅者想要對一些事件發揮影響力，只是到目前為止都沒有成效，於是他訴諸威脅，想在其他人身上引爆焦慮。可是，「這個威脅意味的是，至少到目前為止（而且通常是永遠）他偏好的是示警的語言，甚過於那個會實際造成傷害的行動。」[6] 再回到我們的場景或任何一個虛張聲勢的例子上，一個人說得越少，越是沒有企圖推銷他的立場，我們就越有正當理由去擔心這個威脅會成真。

全世界都是一場秀

若想更瞭解這其中所玩的心理學，最好先思考一下人們通常是如何搞定自己的。一個自尊很高的人，不會到處向別人炫耀他有多厲害。沒有安全感的人才會表現出高人一等的姿態，故作傲慢，目的是為了彌補他對自己的真正感受。他其實是在企圖傳遞出一個「假的自己」。同樣的，一個在職位上對自己的工作能力缺乏自信的人，也會企圖做出這樣的補償，以便營造出他想要的形象。「過度補償」是虛張聲勢者的明顯破綻。他會經常以斬釘截鐵的語氣來重申自己的地位。一個人對自己地位的自信是不說自明的，這就像一個人對自己的自信也是不說自明的。只有沒安全感的人，才需要告訴我們他多有自信，而這也是我們找出他的破綻的唯一方法。

當人們假裝很有自信時，不管是在玩撲克牌還是在現實世界裡，都會刻意表現出胸有成竹的樣子。因為我們認為「自信就等同於冷靜」，所以可以觀察到對方企圖營造出這樣的形象。舉例來說，執法機關的專業人員，都知道嫌犯可能會故意打呵欠來假裝自己很放鬆、很鎮定，甚至很無聊的樣子。如果這個人是坐著，他可能坐姿懶散或者張開雙臂，占據很多空間，彷彿在證明他整個人很自在；又或者可能正忙著挑掉休閒褲上的棉絮，企圖表現出他正專注在一些雞毛蒜皮的小事上，根本不擔心你對他的指控。但這裡唯一的問題（對這個有罪的人來說）是，被冤枉的人通常會很憤怒，不會去管那些雞毛蒜皮的事，也不會設法打造出正確的印象。

一般來說，虛張聲勢的出現是即時的。但是，在我們聽到那件已經發生過的事情時，我們能怎麼做呢？還好，不實的敘述都會留下語言上的痕跡，在下一章裡，你將學會如何分辨對方的交談、互動或交流內容是否屬實或者純屬虛構。

♠撲克玩家

許多業餘的撲克玩家在企圖操縱別人對自己的看法時，時常因為以下的動作而漏餡。第一種是當他有一手好牌時，你會聽到他發出「嘖嘖」聲，或者先大聲嘆口氣再聳個肩。他是想讓你知道，他心情不好，沒拿到想要的牌，故意在你面前表現出失望和難過的樣子，但這全是假的。第二種是在玩德州撲克牌的情境下，當他手裡的牌不怎麼樣時，他會瞪著翻出的牌看，很正當地查看自己有沒有少拿什麼牌。但如果他手裡的牌勝算頗高，他不只會瞪著翻出的牌看，還會四處張望，盡量表現出不感興趣的樣子。

第8章・捏造故事：託詞和催眠曲

假設你在面談一名求職者，他告訴你有關前雇主的事。他是捏造的嗎？你問你那十幾歲的孩子為什麼沒去學校，他給了你一個理由，你該相信他嗎？有些人可以編出很催眠人的故事，說得頭頭是道，內容詳盡，但那全是謊言。要學會如何分辨事實與假象，我們要先從細節開始。

一個說法的架構及其細節的屬性

說到分辨謊言，不管內容是口說還是書面陳述，其中囊括的細節或者被排除掉的細節，都會是令人困惑的來源。即便是在一群經驗老到的專業人士當中，有人可能會告訴你，任何故事只要細節夠多，八成就是真的；但也有人會告訴你，一個具實的故事或說法，只會陳述相關事實，其他都只是在企圖誤導。這種圍繞在細節上的困惑，是一些細微差異交錯纏生所造成的結果，我們可以從中萃取出三個因素：

- **重要性**：這些細節跟整篇故事或這個說法有什麼重要關聯？
- **所占比例和位置**：這些細節出現在什麼地方？又是怎麼出現的？還有從量化的角度來看，有多少時間耗在它們身上？
- **整合性**：這些細節是怎麼鋪陳上來的？它們是否出現在適當的上下文和對話語境裡？

一般來說，高度相關和生動逼真的細節，是說法誠實的可靠指標。相反的，騙人的說法很可能囊括一大堆不相關的細節或者比例失衡，也就是說，這個人可能只提到幾個無關緊要的細節，但在通篇說法或證詞裡卻占了五成的比例。最後，就算對方的說詞符合以上兩個標準（細節生動逼真且內容相關），我們還得看它們是如何整合進通篇說法裡，而且是從哪裡切入。

為了瞭解細節的屬性，我們需要先看背景脈絡，所以先來檢查一下說法裡的結構。常識告訴我們，真實的說法應該是前後連貫和條理分明的，不會邏輯上不一致和前後矛盾，但如果是創傷性事件，這就不見得成立了。記憶裡的內容越是緊張激烈，你就越不能指望對方會有一套包括開始、中場和結束的邏輯過程。情緒會左右我們的記憶力，而最激烈和緊張的面向會先灌進我們的腦袋。這是因為腎上腺素鎖住了記憶（這也解釋了為什麼我們總是能輕易記住別人的侮辱或恭維，因為「戰鬥－逃跑－僵住」反應出現，使得腎上腺素分泌而強化了那個記憶）。[1]

儘管如此，當一個人在說實話時，「主要事件」的導入作業和故事的開場白，多半不會從細節開始，除非它對內容來說具有高度意義性。一個騙人的故事，通常一開始就會有一連串無關緊要的切面，因為(a)這個人正在設法把自己塑造成一個值得信賴的人，必須盡可能表現得一絲不苟和獨具一格，以及(b)故事裡要有很多真實元素，但因為在「罪行」或謊言發生的當下和之後，細節必須被重新排列，真相必須被修改，所以比較安全的做法是，在一開始就先認真地找回所有細節，就不必再擔心得不斷地做出澄清。

提出虛假說法的人，往往會太強調不相干的細節，目的是要模仿真實說法裡會有

的深度和豐富性。他會在談話裡像撒胡椒粉一樣撒了很多細節進去，分散你對真相的注意力，這就像是朝你的臉上撒一把沙子一樣。他知道，如果說法太含糊或太籠統，你可能會認定這個說法不值得相信。而且他也知道，謊言越複雜，就越難圓謊。於是，他會去強調那些真實卻不怎麼重要的內容，企圖複製出層層的真相，同時也保護自己不會因為捏造太多細節，以至於後面被它們反將一軍。

千萬記住，那些對方主動提供的細節，也就是對方在沒被催促或要求下主動提起的細節，應該要很精簡，吻合背景脈絡；它們必須是切題的，不是離題的廢話。舉個例子，說搶犯「身上古龍水的味道很濃」，這沒有什麼問題。但不必要的延伸內容就大有問題和啟人疑竇了：「他身上古龍水的味道很濃，就像是便宜貨，可能一瓶只賣五美元吧。我真不懂怎麼會有人用那種東西。」這個內容是真的嗎？也許吧。但它重要嗎？一點也不重要。

在這裡，我們還是要分清楚創傷性事件和非創傷性事件之間的不同。創傷越直接、越嚴重，我們期待聽到的細節就越精簡、越強而有力。但是，如果這個人只是在告訴我們一件發生過的事情，雖然內容很令人吃驚，但並非創傷性，那麼她很可能是加了點「風味」和「色彩」在裡頭。再重申一次，越是充滿情緒的情境（當事者經歷到的痛苦越多），就應該越少聽到不必要的和離題的內容。

接下來是主要的敘述內容（也就是發生的動作），這個部分通常都會表現出很多情緒，描述也很完整如實，但如果是騙人的，就會蜻蜓點水地帶過或者不成比例地刪掉很多過程。要是中間這個部分（討論的核心）就像開頭和故事結尾一樣短，很可能對方是在矇騙你。不過，單就其本身來看，不算是可靠的指標，你一定要先查看它在整個說法裡所占的比例多寡，是否有失衡的問題。

最後一點也跟爭論性對話、面談或訊問時所碰到的情況一樣，一個真正有罪的人會很樂於改變話題，結束這場談話。寫出造假內容的人，也一樣很想趕快把它寫完。因此在虛假的敘述內容裡，通常不會詳細重述這起事件所造成的餘波。如果面對的是充滿情緒和創傷性的事件，我們理當看見一層又一層逼真鮮活的情緒和反思，但對說謊者來說，這個部分是最難捏造的。他不只得建構出過程，還要說明這件事造成的影響，以及他在當時真實感受到的情緒波動。

雪上加霜的是，他同時還得隱藏真相或者提出一個替代性的事實。故事一開場時，他會貼近事實，至於故事的主要內容則得做點調整，而在結論的部分，由於他已經耗盡腦力，所以很難再捏造出什麼。尤其是他也不相信這個部分在真實故事裡占有什麼重要地位，於是會盡快收尾。所以，幾乎所有被捏造出來的故事，都是隨著最高潮的一幕而嘎然結束，對於事後的餘波則鮮少著墨。

最後，要提防用以下這幾句話結尾的故事：「我能告訴你的就是這些」、「我不知道還能再說什麼」或「差不多就是這樣了」。當一個人自動自發地明確告訴你，他能說的都告訴你了，那就有欺騙之嫌。試想一下：要是有個人不知道還有什麼說出來後能夠幫上忙的其他事情，他自然就不會再說下去了。但是，就因為他的確知道還有一些事情可以說，才會覺得有必要讓你知道「他再也沒有事情可以說了」。這是一個很細微但很重要的漏餡動作。

澄清詞和明確的肯定語

以上所舉的任何一種因子都是危險信號，但最危險的信號莫過於有人自行修飾那些過多的細節，尤其是他還特地澄清某一個細節，那麼就看得出這個人組然居心叵測。試看以下的說法：

我在……我想應該是早上七點起床吧……不對，也許快要七點零五分，因為我當時真的很累，需要再多睡一會兒。然後我下樓去吃早餐，因為我前一天晚上吃得不多，所以我很餓。我做了兩份……不對，我現在才想起來，是三份早餐……有蛋和兩片塗了奶油的吐司。

這個說法裡的重要細節並不多。澄清確實起床的時間以及他吃了幾顆蛋，然後再解釋這些行為背後的理由，其實更加深了欺騙的嫌疑。這個人補充了這麼多細節的真正理由是，他想讓你知道他行為背後的合理動機，說明他是一個深思熟慮又有邏輯的人，做事很有理性。他起得晚是因為他真的很累；他吃早餐是因為昨晚吃得不多；他是個通情達理的人，做事都是講道理的，所以他不可能做錯什麼。

♠撲克玩家

某個賭客把籌碼丟進底池裡，又費了一番功夫把籌碼整齊疊放好，這可能是在虛張聲勢，因為他不想引發對手的跟注反射（calling reflex，也就是情緒上的嘔吐反射（gag reflex」）。也就是說，他擔心剛剛隨意丟出籌碼的那種不屑動作，可能會挑戰了對手的自我價值感，傳遞出「我對你的尊重程度，還不到得把賭注擺放整齊的地步」這樣的訊息。這聽起來好像是反應過度，卻是撲克牌版的公路暴力。一點點的肆無忌憚就會被詮釋為缺乏尊重，而他的牌友會被激怒，變得衝動、不計後果、來勢洶洶，就算沒有一手好牌，也會跟注（不過，可能還是好過於前者那一手虛張聲勢的牌）。

一個人願意大聲質疑自己的說法，這背後的心理學也有其重要意義。其實，他是拚了命地想要說服你，他是一個誠實和值得信賴的人，因此努力在細節記憶上拿出精準的完美表現。這樣一來，你就會相信，要是他連自己吃了多少片吐司都能很有把握地告訴你，那麼在其他事情上，他一定也很誠實。當然，如果他說的是謊話，那麼在其他事情上也不會老實，所以他的精準度都是透過這些不相干的細節來表現。

但這裡要澄清一點，如果他把重要的和無關緊要的內容全都修飾過，就沒有欺騙的意味在裡頭，只是代表這個人有凡事要求精準的癖好（可能是比較神經質）。很愛說話的人，還有那種很喜歡跟別人分享、打好關係和聊天的人，通常都是這樣。此外，如果這個人不是在為某項指控自我辯護，或者完全感受不到這場互動所帶來的威脅，也會有這種表現。

簡而言之，對方的說法裡的細節，應該具有意義，任何聽似無關緊要或無足輕重的細節，都不該占據大部分的篇幅。若要判斷一個說法的屬實與否，接下來要做的就是檢查這些細節的「質性」（qualitative nature）。我們必須分析四個關鍵因素，才能把事實和虛構區隔開來。

生動的敘述

屬實的說法比較可能對人們之間的互動有生動的描述，能近乎同步地逐字複製和再造任何對話。屬實的敘事內容，也能提供清楚的空間狀況，也就是當事者相對於其他人和物體的實際所在位置，而且包含可以點出時間和動作的詞語。舉例來說，一場交談的精準重述，聽起來可能是這樣：

-「約翰曾經問我：『你為什麼發抖？你怎麼了？』」

・「我曾轉過身，直截了當地對他大吼：『你為什麼要跟蹤我？』他當時只是直直瞪著我，什麼話也沒說。」

多重感官知覺

細節的層次越多，也就是一個人的感官知覺被納入更多，而不是只有某樣東西看起來如何，如果還有聞起來、聽起來和摸起來如何，它就越可靠。當這些細節被植入敘述裡時，就變得格外可信。比方說，一場有多重感覺的互動聽起來會像這樣：

・「我當時才轉個彎，陽光瞬間照花了我的眼，我就是在那一刻撞上他。」

・「她撞翻了那個超大的白色馬克杯，滾燙的熱咖啡當場灑在我身上。」

第三方視角

如果細節裡有另一個人說的話或視角，屬實性就更高了。假設你問朋友，昨晚他在哪裡，他表示自己工作到很晚。但是你不相信，於是追問下去，詢問他晚餐吃了什麼。以下是兩種可能的回答：

・「哦，我那時其實不太餓，所以我就回家了，跟室友看了一會兒電視。她有做義大利麵，但我沒吃，我直接上床睡覺。」

・「哦，我那時其實不太餓，所以我就回家了，看了一會兒電視。我室友很驚訝我竟然不吃晚餐，尤其是她煮的那道招牌義大利麵。她說：『你還是頭一回不吃我煮的義大利麵。』」

這兩種回答的內容都差不多，但第二個回答多了一層深度，也就是室友的視角。我們的直覺可能會告訴我們，這個回答比較可信，而且比第一個回答更可能是真的。當然，未能囊括另一個人的視角的回答，並不代表對方就是在撒謊，但是如果有囊括，就是回答屬實的可靠指標。

場景轉換和否定

只要我們談的是非創傷性事件，那麼說實話的人在回憶時，過程會很像是腦海裡正在上演一部電影。至於捏造故事的人，則是被迫一個場景接一個場景地建構出整個經過，所以比較像是由許多影像或照片串連起來，打造出真實動作的那種印象。

如果你回想自己昨晚做了什麼，通常會記起從一個場景流動到下一個場景的一系列事件。但如果你是在構築昨晚做過的事情裡的細節，聽起來就不會那麼流暢。你可能會用所謂的「場景組集」（scene chunking），也就是你說的都是做過的具體事情：「我回到家，吃了晚飯，看了一會兒電視」。但是你不太可能提供任何關於場景與場景之間所發生的事，因為你是從一個動作直接移到下一個動作。當細節說明了所有發生過的事情，卻沒說明什麼事情沒發生，真實的情況才更能暴露出來。

為了闡明這種心理學上的洞悉，我們來看一下有史以來最偉大的虛構偵探。亞瑟．柯爾．道南爵士（Sir Arthur Conan Doyle）於一八九四年寫了一本《福爾摩斯回憶錄》（*The Momoirs of Sherlock Holmes*），這是一本短篇小說集，其中一篇叫〈銀燄〉（Silver Blaze），故事是在說一匹著名的賽馬在重大比賽前夕神祕失蹤，馬匹訓練師顯然也被謀殺。

葛雷戈利（倫敦警察廳的警探）：「還有什麼其他疑點是你希望我多留意的？」

福爾摩斯：「夜裡的那條狗有點怪。」

葛雷戈利：「那條狗在夜裡什麼也沒做啊。」

福爾摩斯：「怪就怪在這裡啊。」

福爾摩斯解開了謎團，因為他發現那條狗在該吠叫的時候沒有吠叫。他的結論是那條狗認識罪犯，所以才沒吠叫。這條決定性的線索不是現場存在的東西，而是缺少的東西。說謊的人說的都是自己沒經歷過的事，所以會把故事開門見山地說完。他的思路是線性的，受到初級思維（primary thinking）法則的左右。

否定（negation）不是一種初級思維。如果我說：「不要去想大象。」你可能會先想像出一頭大象。那是因為你要加工我的要求，就得先想出那個你不應該去想的東西：一頭大象。[2] 要分享一個你沒有過的經驗，就得先想像出你有那樣的經驗。這表示你想的是可能發生過的事，而不是可能沒發生過的事。問題在於：我們要如何區別「真實故事裡不曾發生的事」和「捏造的故事裡不曾發生的事」？其中顯然不會出現多不勝數的細節。所以，答案是我們可以留意敘事裡那些所謂的嵌入性事故（embedded bumps，也就是耽擱、困難和中斷），因為在一個被捏造出來的說法中，不太可能會囊括這些因素。舉例來說：

- 「我在回廚房的時候，撞翻了我的玻璃花瓶。」
- 「我把可以微波的爆米花烤焦了，因為我把溫度設定得太高。」
- 「他試了三、四次，引擎才發動。」
- 「他想要到前面去，結果手上的咖啡灑了一半在自己身上。」
- 「她的手抖到連自己的錢包都打不開。」

這些都是嵌入性事故的例子，對一般人來說是很難捏造的。因為如果你沒有去微波爆米花或者走到廚房，那麼你需要靠更深層的思維，才能捏造出烤焦了爆米花或撞翻了花瓶（「否定」的例子）這樣的謊言。除非有人是利用它們來確保虛構故事的邏輯完整性（譬如，用汽車引擎無法發動來解釋時間上的延誤，或者用撞翻花瓶來解釋地板上的玻璃），那麼我們也會聽到這種嵌入性事故。

終極託詞剋星

你有沒有曾經很想引某人上鉤，進行測謊，好確定對方說的是不是實話？我曾在《不要再被騙》這本書裡介紹過幾種招數，可以靠它們立刻查出對方的故事究竟是合格過關，還是一派胡言的託詞，而方法只是詢問幾個簡單的問題。[3]

假設有名女子懷疑男友並非如他聲稱的是跟他哥哥在當地看電影，而是跟一群朋友出城去玩。如果你只是詢問他真的有去看電影嗎？他的回答只會說「有」。這是因為如果他真的有去電影院，他會說「有」，就算沒去，他也可能緊咬著這個答案說「有」。所以，這名女子必須利用託詞突擊技巧，提出兩個問題來進行確認，再提出一個捏造的「事實」。譬如，她可以先問：「你是看哪一部電影？」然後也許再問：「哦，那部電影是什麼時候散場的？」接著她就可以提出自己捏造的事實，說出類似這樣的話：「哦，我聽說那個時間因為有水管破裂，交通都打結了。」現在她要做的只是好整以暇地等著聽對方怎麼回答。

於是她的男友明顯面臨到一個問題。如果他沒去看電影，就會不知道該不該承認有水管破裂這件事，因為也可能沒有破裂。要是男友說路上車子不多，但實際上很多，這名女子就會知道男友沒有去看電影。不管他的答案是什麼，都會像每個騙子在面臨這種令人難以回答的問題時所呈現出來的樣子，那就是：他會遲疑，心裡在盤算該怎麼回答。請記住，要是他有去看電影，他大可立刻回答：「路上根本沒車，你在說什麼啊？」但是他不確定，因為他沒去電影院，所以他在回答時會有所遲疑，也因為他的遲疑而讓自己露了餡。除此之外，他也很可能不管她說什麼，都會順勢附和，因為他並不知道那是她捏造的。我們再來複習一次：

- 你先提問兩個證實性的問題，然後再加入你自己想到的細節。再強調一次，這個細節必須是假的。因為如果對方確認了本來就屬實的事，你便無從找到其中的疑竇。
- 你的細節必須聽起來很合理，不然被你質問的人可能會覺得你在開玩笑。
- 你的細節必須是那種會直接影響到對方的事情，他才會對這件事有第一手的資訊。

如果他停頓太久，改變話題，或者對你的提問給了錯誤的答案，那你聽到的就不是真話了。但這裡也要再重申一次，不要只倚賴單一次性的判斷方法。以這個例子來說，他的遲疑也可能是因為他正在試圖回想那天晚上所發生的事。

儘管有這樣的提醒，但如果對方的回答聽起來太順口，好像精心排練過，那就有可能是對方早就預料到你會提出這樣的問題，於是曾經花了一點時間把自己的說法準備好。如果對方能掐指就說出本來不應該那麼容易想起來的事實或細節，那就代表他曾事先做好準備。比方說，有個人被問到兩個月前的某一天在哪裡，而他的回答是：「我去工作，五點半下班，在東區的餐館吃晚飯，待到七點四十五分，然後就直接回家了。」又或者一名警探在質問某個嫌疑犯，要是那個人能夠想起兩年前的某一天他做了什麼，以及當時人在哪裡，那就一定有問題。因為大部分的人連昨天早上吃了什麼當早餐，都想不起來。

緘默不語或善意的謊言是一回事，但主動利用別人來獲取個人的私利，那又是另一回事了。我們都很清楚高明的說客和喜歡擺布別人的無賴是什麼德性，但除此之外還有真正的行騙高手。好消息是他們的策略都是高度可預測的，一旦你弄清楚了他們的劇本，就很容易預見對方接下來的招數是什麼，然後見招拆招。在下一章裡，你會學到如何扭轉局勢，不再被人占盡便宜。

第9章．交易的訣竅

行騙高手是誤導術大師，而誤導術正是魔術裡的核心元件。[1]一個行騙高手就像任何一位厲害的魔術師一樣，不只能把我們的注意力轉移到他們想要我們注意的地方，而且還常常說出動人的故事來耍弄我們。他們知道獨出心裁的故事比大膽的謊言更具說服力。

諾貝爾獎得主丹尼爾．康納曼（Daniel Kahneman）解釋過，人都有兩種思維模式：系統一（System 1）是自然形成的，它是不假思索和直覺性的，因此出現得很快，通常很感性；系統二（System 2）比較側重分析和邏輯，因此出現得較慢，需要有意識的思維，還得花點腦力。[2]一則故事會自動活化系統一，這表示我們往往會接納它的表面意義。行騙高手的任務就是想辦法不讓我們轉換到系統二，因為處在系統二的我們會理性地處理眼前發生的事。行騙高手會視當下情境的動態關係，使出幾招心理戰術，而這些戰術不僅是在利用我們的善良本性，也是在利用人性本身。

操縱過程

我們來看看行騙高手的冒名詐騙手法，這也是美國境內最常見的詐欺模式。為了讓對方不起疑竇地快速順從，為了推銷他們的故事，行騙高手會用一些方法讓對方很容易受到影響，其方法通常會遵循以下模式：

建立權威⬇震驚⬇強化可信度⬇告知一則故事

1 建立權威

由具有可信度的人說出口的故事，才有可信度，這也是為什麼行騙高手往往自稱握有可信的來源或自稱權威人士（例如，政府特工、彩券要員）。我們從小就被教導要服從權威。長大後，我們也往往對權威人士心生敬畏，主動為他們貼上一些特質，譬如智慧、慈悲和善良。於是，我們自動自發地相信他們一定會為我們著想，他們的專業不會讓我們吃虧，所以也不會輕易質疑他們的命令和決定。就算這種尊敬有違理性和常識，我們可能還是決定要服從權威人士。

一流的社會心理學家羅伯特・恰爾迪尼博士（Dr. Robert Cialdini）解釋道，權威的象徵，如頭銜、衣著、從屬物，會影響我們的行為，引發機械性的服從。他引用了某個實驗，一位「醫師」在電話裡開立了劑量高到不尋常的危險藥物，結果竟然得到九十五％的順從率。原因是護士漠視醫院的政策（禁止透過電話接收醫師的醫囑），再加上他們的判斷力有問題（這個劑量顯然不安全）。研究人員的結論是，護士對遵循醫囑的理解力「沒有發揮功能」。[3]

2 震驚

當我們分神或者承受壓力時，就算是高度可疑的說法，往往也會採信。[4] 無論是聲稱你惹上官司、興奮宣布你是某大獎的得主，還是提供你一生才有一次的機會，行騙高手都是在設法利用某種令人無法招架的恐懼心理或亢奮情緒，來麻木你的思維過程。那是因為強烈的情緒會實際關閉前額葉皮質區這個大腦的邏輯中心。而腎上腺素會綁架大腦，把控制權從前額葉皮質區（大腦負責思考的區域）移到杏仁體（恐懼和焦慮的回應中心）。然後我們就再也沒有清楚的思緒，無法做出理智的決定。

3 強化可信度

在你有機會質疑這件事的真實性之前，詐騙者會先一口氣說出有關你的資訊，而且他們知道這些資訊都是真的。當我們聽到對方至少說對兩件事時，就會接受了接下來的表面意義。[5] 所以對話可能是這樣：

「我是國稅局的史密斯幹員，你是布朗先生嗎？」

「我是。」

「你住在河流巷123號，最近有出國，對吧？」

「沒錯。」

「布朗先生，你惹上麻煩了……」或者「我有個重大消息要告訴你！」

如果這場對話是面對面進行，那麼對方的手裡一定有一份假造的官方文件。我總是很訝異，為什麼我們那麼容易被書面文件所左右。就算有人給了你一張名片或指著一張彩色照片當作證據，也不代表對方說的任何事情都是真的。

4 告知一則故事

現在他們開始編故事，同時強調他們的權威，以及如果你不配合會有什麼下場。他們的邏輯總是循著同樣的路徑：如果你照他們的話做，就可以幫你擺脫問題（或者兌現唾手可得的財富）。

如果他們催促你快點做決定，老是要你專注為數不多的幾件「事實」上，你就要格外提防了。背景脈絡才是王道。不要落入故事的圈套裡。花點時間評估眼前的資訊，才能把你那像光速一樣快的腦袋慢下來，進入思維較為緩慢的系統二。

沾親帶故的騙法

經驗老到的騙子可能在把故事告訴你之前，就先盤算好要怎麼讓你信得服服貼貼。為了做到這一點，他會設法贏取你的信任，建立你的自信，加深跟你之間的情感紐帶。畢竟，「行騙高手」的英文 con artist 中，con 就是 confidence（自信）的縮寫。**拜人性之賜，我們往往會信任那些很像我們的人和喜歡我們的人，也因此會受到他們的影響。**

「你很像我」和「你喜歡我」

「異性相吸」這句話並不正確。我們其實比較喜歡那些跟自己類似的人以及有共同興趣的人。[6] 我們可能因為某人跟我們很不一樣而覺得對方很有趣，但是會互相產生好感，靠的是類似性和共通性，也就是同類相吸。

「同袍戰友」的原理很類似這個法則。曾共同經歷人生轉折事件的人，往往會建立起某種別具意義的關係。比方說，曾經共同作戰的軍人或者曾經一起被欺負的兄弟會菜鳥，往往能發展出堅定的情誼。就算這個經驗不是共同的，而是有過類似的經驗，也會成為一種有力的沾親帶故方法。因此，就算兩個人從來沒見過面，但都有類似的過往經驗，不管這個經驗是一場疾病還是贏了彩券，他們都可能立刻成為朋友。這是源於「他很瞭解我」的心態，為雙方營造出溫暖的感覺。

在一開始的互動裡，要是對方問到你的嗜好、老家、價值觀、偏好的食物之類的問題，接著在後面接上驚歎句：「好巧哦！我也是啊！」或是對方主動透露一些事情，譬如：「這隻錶不錯哦！我也有一個一模一樣的。」「這狗好漂亮啊！讓我想起了以前陪我一起長大的那條狗。」「你今天的運氣看起來跟我一樣。」你就要格外小心。

有句話說「奉承是行不通的」，但這句話絕對是錯的。奉承會把你帶到一個你想都沒想過，也從來沒去過的地方。有一份研究顯示，大部分的人都十分渴望被人稱讚。因此，只要有陌生人稱讚我們，我們就會對他有好感，就算我們都明白那種會奉承的人恐怕都別有用心。[7]難道這就表示你應該隨時提防任何人的恭維，認定對方一定都圖謀不軌嗎？當然不是。但是，你的確得小心「奉承」可能會干擾你的看法和判斷。

我們多多少少都會上當受騙。但是，當我們的自然免疫力被攻陷時，就會變得更容易上當受騙。《自信遊戲》（*The Confidence Game*）的作者瑪麗亞・科尼可娃（Maria

Konnikova）寫道：

> 說到要預測誰最容易受騙（成為騙子的受害者），個性這個通則並不適用。反而是環境因素會出線。問題不在於你的個性如何，而是在你人生中的這一刻，你剛好處在什麼環境下。[8]

她的解釋是，當我們的情緒彈性受到磨損，在理性和判斷上的認知防衛就會跟著下降，於是變得特別容易受傷。當我們感到孤單、財務受到壓迫，或者面臨嚴重的傷勢、創傷，或重大的人生轉折時，我們最是危在旦夕。[9]換言之，我們不能低估心理拉扯的力量。比方說，當我們身陷危機時，通常會想找人說話，分享心情。那時候頭號的情緒需求，就是想要感覺到有人是關心自己的。不管情緒上還是身體上的痛苦，都會害我們覺得孤單，而孤獨感又會加劇這種痛苦。當我們跟另一個人建立起關係時，我們就不再覺得孤單，痛苦的程度也會減緩。由於我們太想要解脫，於是變得願意暫時拋開理智。我們矇蔽自己，不去看清真相，只是因為我們太想要相信。

即便是在我們的決策邏輯變得混濁，再也看不清楚真相的時候，自我還是會逼著我們前進。緊緊抓住一個正在消失的希望，使我們也成了行騙高手的幫兇。我們出賣自己。於是，對方不再需要施加任何壓力，因為我們對失敗（另一個失敗）的恐懼，使我們變得更願意相信他們。

不過，就算沒有騙術作梗，為什麼理性人士有時還是會做出不理性的決定呢？為什麼我們願意花錢去填無底洞？這就像股票交易高手所提出的勸告：只要我們開始讓情緒左右股票的買賣決策，就會開始賠錢。當投資客矇上眼睛，無視於經驗證據，一心只想把曾經輸掉的再贏回來，我們就會說他們是在「追逐損失」。假如我們曾經把金錢、時間或力氣投資在某樣東西上，我們的執著往往會任誰都拉不回來，不管那東西是下挫的股市、注定失敗的男女關係，或者一份沒有前途的工作。我們很容易會屈服於沉沒成本的謬論裡：「我現在不能撤守，因為一撤守，我之前投資的一切就都血本無歸了！」誤入歧途式的投入或奉獻，說穿了就只是拖延時間的戰術，也是否認心態下的有毒產物，會讓我們拒絕接受「必須改變」的這件事實。

這種投緣是騙人的

再回到騙術上。你是否曾經和某人聊了五分鐘或者才認識對方五個月，就對自己說「這個人真的懂我」？可是當這種情感繫繩的強度不符合行騙高手（不管是想從你身上得到什麼的行騙高手）的需求，他就會把順從裡最強韌的線材編織進去：信任。

信心和信任之間的差別很大。比方說，我們有信心某件事一定會成功或某個朋友一定會竭力幫助我們，但我們仍會擔心和有疑慮。可是，如果我們有了信任，負面思維就不會充斥在腦袋裡。我們不會老是掛念或憂心結果如何。

信任是一種心智歷程（intellectual process），是一種無瑕疵的記錄的自然衍生物。這也是為什麼行騙高手必須建立信任的原因。終有一天，他會要求你去做某件無足輕重或毫無意義的事。如果你信任他，你會立刻行動，不會質疑，也不會猶豫。以下是他創造出這種信任關係的方法。

信任促進劑

當一個人分享他的私生活時，會造成兩種心理影響。第一，分享這種事情可以不費吹灰之力地贏取信任。如果對方向你敞開心房，你會覺得「如果他信任我，那麼我也應該信任他才對」。我們不必因此就認定對方有惡意的企圖，因為他可能只是情緒上很脆弱，需要訴苦，只是想找個人當聽眾。儘管如此，若是對方過早透露個人隱私和祕密，再加上其他一些手段，那就可能是在企圖逼迫你跟他建立關係，而在這種心理層面的推波助瀾下，多少就能贏得你的信任。

而這會激發第二種影響：**你會變得想要回報對方，不然會覺得不公平。**如果有人給了你某樣東西，譬如時間、資訊或一份禮物，你通常會覺得欠了對方什麼。大部分的銷售人員都很清楚，如果他們為你花了很多時間，展示產品給你看、示範它的功能，你就會覺得不好意思，只好買下它，即便你並不確定自己是不是真的很想要這個東西。同樣的，如果有人把自己的私事跟我們分享，除非我們也投桃報李地分享一些私事，否則可能會覺得不太好意思。

羅伯特．恰爾迪尼提到，在昂貴的熱活化（heat-activated）消防警報系統銷售上，業績最好的業務人員常用的一種招數。他們上門推銷時，一開始都是先做簡短的消防知識測驗。然後一定會趁屋主忙著填寫問卷時，說他「有重要的東西忘了拿」，得回車上去取。「我不想打擾你的測驗。」他會這樣說：「你介不介意我出去之後再自己進來？」恰爾迪尼留意到「答案通常都是某種形式的『當然可以，你去吧』，而且常常都得給他一把開門的鑰匙。」[10] 允許別人自行進入你的家，這就是心照不宣的信任暗號：「我信任他，因為我讓他自行進入我家。他一定是值得信任的，不然我就是十足的笨蛋了。」這個行徑本身是潛意識地相信這個銷售人員是值得信賴的，我們會聽信所信任的人。

我們在第一部分和第二部分裡學到一些在特定情境下解讀對方的方法。若能瞭解我們正在交涉的人是哪一種人，可以協助我們預測對方的行為，並在必要時引導他們的行為。在第三部分裡，你會看到評斷一個人的本性的方法，並知道如何偵測出支配型和控制型人格的預警信號。你也會學到如何找出病態性格的潛在可能性及其軌跡，也就是說，如果對方的心理開始崩潰，情緒性疾病會怎麼呈現出來。他們可能變成掠食者，還是獵物？

Part／03

心理快照

不管對方是誰，唯有看穿他們的公開人物設定，進入他們的內在作業系統，你才會知道對方為什麼會有這樣的表現，例如，是什麼在驅動他們前進？又是什麼綁住了他們的手腳？找出他們最深層的價值觀和核心信念，因為這些項目形塑了他們的欲望、恐懼和不安。你對人們的瞭解程度，可以超越他們對自己的瞭解程度，而你也會在這個過程中對自己有了更深的認識。

第10章・一窺人格和心理健康

儘管「人格類型」並非臨床或科學術語，大部分的人還是瞭解它的概念所指的是「一個人的一般行為表現方式」或者他們的「氣質」。他們通常是很放鬆，還是很緊張不安？他們喜歡掌控一切，還是會等別人來帶頭？他們看到諺語裡所說的那杯水，會覺得水杯已經空了一半？還是還有半杯水？堪稱先驅的語言學家兼臨床精神科醫師瓦特・溫特萊布（Walter Weintraub）的解釋是，我們所謂的「人格」，其實就是當事者對內在和外在壓力所表現出來的處理方式，所推砌下來的外顯結果。[1]

然後這些特質會在一個人經歷到某種程度的壓力時顯現出來。在那一刻，他們的防衛機制會開始作用，他們的語言模式能馬上被辨識出來。籠統地說，偏向支配型的人格通常會把恐懼和焦慮從自己身上引開，至於順從型的人往往會內化和吸附它。比方說，一個人可以選擇用不同方式來表達自己對某件事的懊惱，譬如：

說法A：「我打不開這扇窗戶。」
說法B：「這扇窗戶卡住了。」
說法C：「這扇窗戶壞了。」

每種說法都是從不同角度明確地說出同一件事，只是在措辭上透露出說話者是如何看待自己，以及如何框架出自己的世界。第一種說法「我打不開這扇窗戶」，是典型的自我聚焦，而且說話的人很可能有偏向順從型的人格。第二種說法「這扇窗戶卡住了」是對外聚焦，也是支配型人格的代表。這兩種說法都無法代表當事者情緒健康（emotional health）與否，或者（在這個情境下的）焦慮程度。它只能透露出當事者是否很容易去主動承擔責任或推卸責任。再重申一次，我們要時時提醒自己，在對一個人的人格做出判斷之前，必須觀察的是對方的語法模式，而不是只出現過一次的措辭。

然而，第三種說法就比另外兩種有玄機了。這句說法的當事者結論是：他打不開窗戶不是因為他無能，也不是因為窗戶暫時性地「被卡住」，而是(a)得怪窗戶，還有(b)這個狀態是永久和絕對的。在後文，我們會討論到為什麼用「壞了」而不是「被卡住」這樣的字詞來形容這扇窗戶，便足以對當事著的情緒健康投下一個問號，而且要是這其中還放進了一些強調情緒的形容詞和副詞，譬如「這扇該死的窗戶根本就壞了」，同時這是對方一貫常有的說法模式，我們可能就要注意這其中的病態性格。

同樣的，要是當事者的無助變成了完全束手無策，那麼第三種說法就更令人憂心了。換言之，這扇窗戶處於無法修復的「壞掉」狀態，所籠統暗示的是，他認為自己一直都很無能，所以聽起來有點像是：「我就是打不開這扇窗戶啊！」或「我永遠都打不開這扇窗戶了」。

心理疾病的軌跡

雖然說法A和說法B都稱不上誰比誰的心理更加健康，但的確暗示了如果再偏激一點，恐怕有心理出狀況（有某種疾患）的可能性。

心理疾患（psychological disorders）普遍被分類成自我相斥型（ego-dystonic）和自我共振型（ego-syntonic）。那種會令一個人感到沮喪和不安的行為、思維或感受，就是自我相斥型。當事者不喜歡它們，不想擁有它們，這些念頭結合起來，會使當事者傾向於去尋求治療。自我相斥型問題，通常都是情感疾患（mood disorde / affective disorder），包括憂鬱症、躁鬱症和焦慮症，每種疾患都有各自的一些亞型，各有各的跡象和症狀，得視當事者和病例的嚴重程度而定。患者都有負面思想、反芻思考（rumination）和自我聚焦（在某些人格類型裡，會有敵意和容易衝動）的傾向。他們通常對每天的壓力源高度敏感，變得很容易受挫和招架不住，會有情緒化的反應，因此使得他們很難清楚思考，也難以面對壓力。情感疾患往往都是從順從型人格發展出來的。

另一方面，人格疾患（personality disorders）是屬於自我共振型，當事者能與自己的自我形象和世界觀共存，包括了邊緣性人格疾患、反社會人格疾患和自戀型人格疾患。從當事者的角度來看，他們的思維、行為和感受都是其身分的一部分。[2] 就算別人認定他們有某種疾患，他們還是拒絕內省，反而認為是別人有問題，不是他們。你可能已經猜到，有人格疾患的人通常都有支配型人格。

下面的流程圖顯示了心理健康的衰退在統計上所呈現的結果，但並非絕對的：

服從型（例如百依百順、互相依賴）
⬇情感疾患（例如焦慮症、憂鬱症）

支配型（例如敵對、挑釁、懷疑、殘酷、操縱）
⬇人格疾患（例如自戀、反社會傾向）

心情和地位的矩陣

我在第四章提到了一名經常出意外的學員，其目的是要告訴大家，任何人在任何時候只要使用不符合自己地位的方式與人交流互動，就能從中看出人際關係以外的其他端倪。我們會對他們的人格和心理狀態有一個大概的瞭解。要是再把這個人的「心情」加進這個等式裡，就可以讓我們的評斷變得更精準。

心情是自尊的影子，會暫時提振我們的精神或者令我們洩氣，也會在我們看待世界和自己時增添一些色彩。[3]一個人的行為和互動方式，如果就像臨床醫師所說的「與心情相符」，那麼就沒有什麼玄機可透露了。當你心情好的時候，你充滿自信、有掌控感（雖然可能是短暫的），通常就會以比較和善和尊敬的態度來對待周遭人士。在這個當下，你會感受到自己的「完整」，並且把覺察力往外移向四周的世界。

當我們的心情變差時，情緒會變得都是刺，不太能包容別人。我們可能會尊重及和善對待那些我們有所求的人，但對於有求於我們的人則不然。這種狀態下的我們，挫敗感會自然地加深，容忍度降低。而我們能否輕易地克服自身的痛苦（包括情緒上或身體上），轉移注意力去為他人著想，就成了情緒健康的可靠指標，要是裡面還多了耐心和慈悲心，就更具有指標性了。

可是當你把「地位」放進這個等式時，會發生什麼事呢？當一個地位較高的人正處於負面狀態，但還是設法將自己的煩惱擱到一旁，以別人的需求為優先，就算他「沒有必要」這麼做，那麼這絕對是情緒健康的極致示範。這種高尚的行為可以小至說話有禮貌和總是微笑示人（態度隨和），大至於同理心的徹底展現。如果這個人地位較高（但心情不好），就在態度上口不擇言或是很粗魯，其實很正常，沒有什麼玄機在裡頭，也沒有什麼餡可以露。為什麼呢？因為這就是所謂的「心情與地位相符」。儘管這不是情緒健康的楷模，但也落在「表現正常」的範圍裡。

同理，我們會期待一個地位高和正處於良好狀態的人表現出有禮和親善的態度，但這種行為無法披露出什麼。但如果對方的態度讓人不舒服，行為很粗魯，便代表這個人的人格具有敵意，若是對方說話毫不留情面或者行為挑釁，那就更加證明了對方情緒上的不穩定。事實上，討厭鬼的標準公式是「心情惡劣＋自尊低＋地位高」。你目睹到的是極度的惱怒，可能是被動的發怒，也可能主動發怒，這得視他們的人格而定。如果他們的地位只是暫時被賦予（譬如顧客），又沒有其他出口可以發洩正在沸騰的怒氣，更會出現這種情況。他們怎麼可能輕易放過一個可以充分施展權力的短暫機會呢？

無論心情如何，我們的自尊越高，就越能展現負責任的行為。但隨著自尊的下降，自我開始膨脹，於是我們的行為更容易被心情支配。試想小孩的情緒波動都很大，他們會突然發脾氣，又突然沒頭沒腦地展現熱情。成年人的行為和反應，如果是根據自己當下的狀態（也就是當下的感受）來決定，那麼這個成年人往往有較低的自尊。如果一個人地位較低，但其情緒凌駕於這個因素之上，不受地位所控，我們便可以從這種不受控的程度以及違逆的嚴重性，來看出這個人的情緒健康問題。對指揮官拳打腳踢，或者用髒話辱罵主管，這種嚴重性絕對大過於只是在對話裡省略掉「請」或「謝謝你」。

較低的地位和良好的狀態，理當呈現有禮貌與親和的態度，這是因為心情與地位相符。若對方在這樣的條件下出現的是粗魯的行為，則代表他具有一種過度挑釁和支配型的人格。心情和地位這兩者之間的偏差，足以暗示出實際的人格特質，也固化了我們對人格和病態性格所做出的快照。

一個人的言談會反映出他在那個情境下的心情或惱怒程度。情緒上的痛苦跟嚴重的肉體疼痛並無不同，都會自然而然地讓我們往內聚焦。於是，我們的言語可能不留情，好像很不客氣。這其中的邏輯很簡單：一個正在溺水的人會喊「救命！」或「救我！」，而不是「好心人，我很抱歉得麻煩你們，若不介意的話，你們丟一條繩子給我，我會很感激的」。因為說後面這句話的人應該是全然無助和脆弱的，但求救時卻是用權力在握和地位較高的互動方式。

所以，這就是為什麼看出行為模式很重要，不要只單看獨立的事件。請記住：頻率、持續時間、強度和背景脈絡，才能決定你觀察到的究竟是狀態還是特質。

地位高＋心情不佳

不禮貌和粗魯的態度，是很正常的。

令人愉快和善解人意的行為，證明這個人的情緒相當健康。

地位高＋心情佳

合乎禮貌和令人愉快的行為，是很正常的。

令人不快或粗魯的態度，暗示這是一個有敵意的人格，情緒並不穩定。

地位低＋心情不佳

合乎禮貌的行為和沉著的態度，代表的是情緒上有償付能力（emotional solvency）。

不禮貌或粗魯的態度，代表在情緒健康上出現輕度的違逆；要是這個人的行為也很粗魯或挑釁，則代表情緒非常不穩定。

地位低＋心情佳

合乎禮貌和令人愉快的行為，是很正常的。

令人不快或粗魯的態度，代表的是一個有敵意的人格和情緒障礙。

解開對方的核心本質

語言學所暴露出來的人格，都藏在一些細微的地方，我們可以透過微妙的語言線索和短暫的互動，看出端倪。無論在什麼場合，只要有固定的權力階級結構（例如經理／員工、上尉／士兵、老師／學生），較高和較低地位的動態關係就會變得有意義。除了這些情境之外，背景脈絡也很重要，因為地位是不斷變化的。換言之，在任何情境下，無論是誰在當「老大」，都被賦予了地位。

一個在賣熱銷商品且擁有眾多感興趣買主的業務員，等於大權在握，所以在這個情境下，地位就會比較高，哪怕在其他情境脈絡下，他一點權限也沒有。相反的，一個在服飾店裡靠賣衣服賺佣金的銷售員「需要」有買主，因此地位較低。

把背景脈絡放進去之所以重要，是因為只有在地位是臨時被賦予，或者被完全抵消時，一個人的本性（無論是支配型還是順從型）才會一覽無遺地顯現出來。瞭解背景脈絡，可以讓你更快地建立起一套心理剖繪（psychological profile），有助於你預測觀察的對象在心理疾病上可能會有的發展軌跡。

連結者 vs 對抗者

我曾經跟理髮師有過一次很難忘的對談。他告訴我，有時候顧客會因心不在焉而忘了付錢就走了，但如果他對著顧客喊「你還沒付錢」或「你忘了付錢」，會覺得很不好意思，於是乾脆讓他們走出店門。我鼓勵他可以改個說法，譬如「你想要下次再付嗎？」他照我的話做，從此不會再覺得不好意思。我們來看看這裡頭的原因是什麼。

有個人問：「你剛才說什麼？」另一個人問：「你之前說的是什麼？」這兩個人都是在問同樣的問題，但第一個人的問法帶有質問和命令的語氣。一位母親告訴孩子：「我們在五分鐘內就要準備上床囉。」這句話聽起來比「五分鐘內準備上床」溫柔多了。老師問：「你認為正確的答案是什麼？」比起「答案是什麼？」較不具威脅性。動詞時態的轉變，代表說話者想要跟對方連結而不是對抗，也直接點出對方的本性和人際關係裡的地位。限定詞也有同樣的效果，例如：「我們應該準備上床了」、「我想你可能忘了把標籤弄好」。

一般的通則是，比較隨和的人會利用可以拉近距離和避免衝突的語言。至於不太隨和的人，則會使用比較控制性和可能帶來衝突的語言。[4] 如果是處於心理極端不健康的狀態下，隨和的人會不計代價地避開衝突，甚至可能壓抑自己真正的感受和渴望，至於不隨和的人則是會歡迎任何爭吵和衝突的機會，甚至會助長它。

舉例來說，你走進一家便利商店，詢問收銀員報紙放在哪裡。他們可能有各種回答方式，譬如：

回答A：「在那裡。」（不完整但直接。）

回答B：「報紙在那裡。」（完整且直接。）

回答C：「報紙應該就在那裡。」（限定詞。）

回答D：「你會在那裡找到報紙。」（未來式。）

回答E：「我想你可能可以在那裡找到報紙。」（雙重限定詞和未來式。）

所有說法都回答了這個問題，但是每個說法的言下之意都透露出一些跟回答者有關的事情。回答A和B顯示出支配型人格所展現的典型語言模式；回答C、D、E則是較為隨和（而且可能是順從型）的人格。

現在讓我們再過篩兩個主要因素：地位和心情。一家高級餐廳的經理可能比便利商店的收銀員更恭敬，因為地位移動了。因此，他回答D和E，就不會洩露出個人的人格，畢竟它吻合地位的動態關係。反過來說，如果他回答A和B，則可以讓我們窺探到對方的人格，因為這兩種回答都偏離了正常的動態關係。

我們來看另一個例子。

店員在店裡結算完一筆交易之後。
說法A：「你要付一百七十八元。」
說法B：「金額是一百七十八元。」

等你付完錢，店員遞給你一張收據之後。
說法A：「給你。」或者什麼也沒說。
說法B：「這是你的。」或「這樣就可以了。」

再重申一次，在高級商店裡，我們會期望聽到說法B而不是說法A。但是，當地位被抵消的時候，我們就比較容易看出這個人的人格。一家便利商店的店員使用說法

Ｂ，可能具有比較隨和的個性本質，至於說法Ａ在同樣的背景脈絡下，並不能看出什麼。但是，高級商店裡的業務人員如果使用說法Ａ，可能是對方那天過得很糟糕，這種說法只是表現出他的狀態，或是具有偏向支配型的人格。如果我們無從知道對方的心情，就得觀察他們的行為，看看是否有模式呈現出來，我們才能針對（永久）特質而不是（臨時）狀態來做出判斷。

如果是有關營業時間的問題，哪一個回答代表接待員的個性比較隨和且友好？

回答Ａ：「我們星期天不營業。」

回答Ｂ：「我想我們這個星期天沒有營業哦。」

假設接待員很清楚辦公室是關門的，「我想」這個措辭就限定了答案，為提問者緩衝了這個答案所帶來的衝擊性。在第五章，我曾解釋過，限定詞的使用只有在表達主觀資訊而非客觀資訊的時候，才會暗示說話者的焦慮感和不安全感。現在，讓我們修飾一下回答Ｂ，來呈現出更強烈的對比：

回答A：「我們星期天不營業。」

回答B：「不好意思，我想我們這個星期天沒有營業哦。」

一個地位相等或較高的人，如果使用的是較溫柔的語言，那是因為他們主動配合對方的需求，代表這個人具有同理心，情緒很健康。他們不需要拿出自己的權威來彌補所欠缺的安全感。舉例來說，一名經理使用以下其中一種說法開除了一名員工：

說法A：「你被開除了。」

說法B：「我很抱歉，我們將必須解雇你。」

顯然，說法A並不打算替開除這件事裹上一層糖衣。在說法B裡，經理意圖分散責任，因此使用「我們」而不是「我」，但是一開頭使用的是「我」而不是「你」，代表對內導向。提供致歉語和使用未來式，則可以降低衝擊性。

另一個例子是：假設你在沒有適當的許可下，企圖進入一處未經授權進出的地方，哪一個保全人員的個性本質比較和善（想避開衝突，比較容易被動搖）？

保全人員甲：「站住，你不能進去。你要做什麼？」
保全人員乙：「不好意思，我不能讓你進去。」

保全人員甲下達了一個命令，使用的是第二人稱「你」，然後反問對方，代表憤怒。保全人員乙使用「我」語言和否定型語言（代表可能很焦慮），並提出歉意。[5]如果你知道該去留意什麼，這兩種心理之間的輪廓描繪就會很明顯。

字詞的本質

有些語言學裡露出來的破綻是很直覺性的。隨和的人會使用較為正面的字詞（例如：快樂、啟發、美好），鮮少使用負面字詞（例如：討厭、破壞、惱人、生氣）。[6]他們比較常寫到或談到家、家人和溝通，也會避開陰暗或敏感的話題和語言（譬如棺材、折磨、死亡這類字詞）。[7]

反過來說，比較不隨和的人會使用負面語言以及跟憤怒有關的字詞，譬如：「我討厭……」「我受夠了……」「我沒辦法忍受……」。[8] 研究證實，比較隨和的人較少說髒話。比方在臉書的狀態更新裡，最能看出個人隨和度很低的五個字詞都是髒話。[9] 至於「謝謝你」則在臉書狀態更新裡與隨和特質最有關聯。[10] 健康的視角能讓我們專注在正面的事情上，也能鼓勵我們以感恩的態度面對一切。[11] 這種心理層面上的洞見曾在詩人路易士（C. S. Lewis）的筆下完美呈現：「讚美就像是體內的健康被人聽到一樣。」[12]

讓我們揭開這其中的心理學。沒有了視角，我們生活中所有的美好都會處於失焦狀態。一個以自我為中心的人，缺少了視角，只會對他們所欠缺的東西、誰欠了他們什麼，以及生活上令人失望的地方感到有興趣。這裡頭沒有感恩，也沒有歡樂。[13] 試想一下我們所認識的人當中，懷有感恩心的人都是很開心的。相反的，對自己擁有的一切毫不感恩的人，總是活在期待落空、挫折和憤怒的輪迴裡。他們滿是怒氣和憎恨，但也不是因為有什麼深仇大恨，而是他們所有的焦點都放在那些令人情緒消極的瑣碎事情上。

寬廣的視角（亦即較高的自尊、縮小的自我）⬇更大的背景脈絡⬇更多意義⬇

謙卑心被喚起⬇感恩心態浮現⬇喜樂洋溢⬇情緒穩定

狹窄的視角（亦即較低的自尊、膨脹的自我）⬇縮減的背景脈絡⬇沒有太多意義⬇心生傲慢⬇憤怒、增恨和挫折感被助長⬇情緒不穩定

心態和譬喻

譬喻會在嶄新和未知之間搭起橋梁。它就像給了你一拳一樣（當然這也是譬喻）可以傳遞出簡潔和精準的訊息。我們所使用的意象和表述，都在說明我們的心態。

比方說，一個業務人員可能很喜歡用鬥志旺盛的譬喻方式，來形容理想的工作環境，譬如：「我們就像是三角洲特種部隊一樣」。基於這個輔助性證據，我們可以推測每件事對他來說都像是一場競賽，只能有一個贏家。你不是鐵鎚，就是被搥的釘子；你不是贏家，就是輸家。人生是一場零和等式。一個人的獲勝就代表另一個人的失敗。

就算是在合作的環境下，偏向支配型的人格也往往傾向使用吻合其觀點的語言，說法會類似「我們摧毀了他們」、「我們勢不可擋」，以及「他們根本不知道被什麼攻擊了」，甚至是比較以「我」為中心的不太健康的語言：「我當時一把火在燒，才不會

像個失敗者一樣走開。他們才是失敗者，不是我。」這截然不同於「我們齊心協力、賣力工作、拿出全部的本事」，或者「另一支隊伍是在逼我們使出最好的本領」。而對敏銳的觀察者來說，就算一點點的漏餡，在他們眼裡也像是噴泉。

如果你去請教一位一流的老師如何看待自己的角色，我們期待聽到的是溫柔和有愛的回答，譬如：「我們是為了確保每一朵美麗的花都有足夠的陽光和水，可供它們綻放。」或者含蓄一點的說法：「我們是為了啟發他們，讓他們懂得熱愛學習。」

我記得有個老師曾向我抱怨，校長不給他更多權限使用他認為合適的方法去體罰班上的學生。他說：「我可以從他們身上再逼出一點東西，他們只是需要有人再推一把，就能表現得更好。」然而，他講的是五、六歲的小孩！雖然他的立意良善，但說法很令人不安。如果重新措辭，同樣的良善立意聽起來就會合理多了：「我想幫助他們把潛力發揮出來」、「在他們的潛質裡有太多可以發揮的東西」或者「我只是想要幫他們發光發熱」。利用「逼」和「推」這類字詞，反映出來的不只是心態，也可能是一種扭曲的教育觀。

在下一章裡，你將學會如何做出更深入的判斷並提出看法，取得一個人以「我」為出發點的最根本故事。這樣一來，才能對對方的不安全感和抗拒點做出評估。這不是為了占誰的便宜，而是想要更瞭解他們，如此一來，你才能幫助他們，也保護自己。一旦你清楚了對方的引爆點，便能預測他們什麼時候會大發雷霆，什麼時候自覺有必要堅守原則，以及什麼時候會企圖奪取控制權。另一個好處是，你可以因此更瞭解自己，也摸清楚自己的引爆點。而有了更高的自我覺察力之後，你就能提升自己的生活品質和人際關係。

第11章・敘事認同：解讀人心與靈魂

想像你陪二十五個小孩進行戶外教學。他們下了遊覽車後，你盡責地在海洋館的大廳裡數人頭。你數到二十四。奇怪！你再數一次。二十五。太好了。然後你跟著孩子們走進海洋館，去探索海底世界。這個過程有什麼問題嗎？你憑什麼認定二十四就是算錯，二十五才是算對？那是因為你有二十五個學生，所以當你數到符合這個數字的時候，就停下來了。但是，你沒有理由認定自己把同一個孩子數兩次（才會有正確的數字）的可能性比較小，而第一次少數到一個孩子的可能性比較大。

不管人們在找什麼和想看到什麼，往往都會找到和看到它。我們總是在留意補強性證據來證明自己是對的，因此無視於任何不符我們期待的證據。這種現象就是有名的驗證性偏誤（confirmation bias）。我們會追蹤那些吻合自己思維的事物，並在潛意識裡過濾其中不一致的地方。

當驗證性偏誤在作用時，證據就會（幾乎神祕地）自行調整成準備被貼標籤的模式。這是神經生物學的過程，大腦都是利用這種過程在理解這個世界。我們的大腦基本上會製作檔案，就像我們在電腦裡製作檔案一樣。在大腦裡，這種檔案分類都是在心理捷徑的傘翼下進行，也就是所謂的「經驗法則」（heuristics，又稱捷思法）。這些捷徑讓我們不用在每次做選擇時都得再做一次獨立的決定，才能處理和消化這個世界。想像一下，如果我們都得從無到有地解決每個問題，譬如如何操作咖啡機或怎麼去上班，那麼我們一定一事無成。心理捷徑拯救了大局。

直接跳進結論

經驗法則可以幫助我們有效率地解決問題，但也會導致偏差，害我們陷入一種「除非證明無罪，否則有罪」的模式裡。假設有個警探正在調查一樁女子被謀殺的案件，他知道被謀殺的女性有很高比例都是由配偶所為，所以可能會先假設是她的配偶下的毒手，然後開始在腦海裡過濾證據以符合他們的理論。我並不是在說統計學不管用，但其中的挑戰是你得拿捏好它的比例分量，而不是採用完全排他法。假設有位醫師經常治療憂鬱症患者，可能常聽到病人抱怨自己全身疲倦、無精打采、體重增加和性欲降低等症狀，於是就直接跳進結論裡（啊！是憂鬱症啦！）。但這也可能是甲狀腺功能低下或其他五十種有相同症狀的疾病。這就像有句諺語說：「在榔頭的眼裡，所有東西看起來都像釘子。」

此外，我們往往會陷入「代表性經驗法則」（representativeness heuristic）的窠臼裡，會因為人們與某個特定類別的人很相似，而將他們歸成同一類。一旦你被貼上了標籤，就會被認定你跟同類別的其他人有相同的特徵，他們也都跟你一樣。如果我們對某個特定團體有預設立場，對該團體裡個別成員的看法可能就會直接跳進結論裡，甚至固執地無視那些足以反駁結論的證據。套一句威廉．詹姆斯（William James，當代心理學創始人之一）的話：「有很多人以為他們正在思考，但其實只是在重新排列自己的成見。」

偏見會製造期待，這類似於大腦創造檔案夾來把資訊放在一起。我們會發展出一些基模（schemas）或藍圖，協助我們在遭逢某種特定概念、類別、人或情境時，可以預期自己會找到什麼。基模可以協助我們快速填補空白，但不幸的是，它們也會催促我們用錯誤的答案來填補其中一些空白。要是我們在接觸新的資訊時，帶著預設立場而認定它應該吻合那個很大的基模，可能就會保留那些符合期待的資訊，並捨棄不符期待的資訊。

把覺察力放進我們的偏見裡，有助於抵消偏見所帶來的影響，提高我們對別人或情境的客觀評估能力。如果我們進入一場對話、協商或私人關係裡，卻先入為主地認定我們已經知道所有的事情，那麼那個自我就會熟門熟路地去確認所有自以為真實的事情。只有很特別的人才會願意去看他們不想看到的，去聽他們不想聽到的，去相信他們很希望不存在的事物。

但這個故事只說了一半。諷刺的是，一旦我們把阻礙判斷的經驗法則的作用淡化了，又會很有效率地靠其他經驗法則建立起一個側寫。

導演的剪輯版

我們很清楚，不管人們在找什麼，往往都會找到它，不管他們期待看到什麼，也往往會看到它。只有當我們問到「為什麼一個人必須看到他們一開始就在找的東西」時，我們的評估才會正確。人們會以自己需要的方式來看待自己、別人和周遭的世界，目的是讓他們所看的一切都能吻合個人敘事，如此一來才能理解自己，以及自己的選擇和生活。[1] 這就是心理學家丹尼爾．康納曼所說的「聯想同調」（associative coherence），也就是「所有一切都是在強化其他一切」的概念。他寫道：

> 我們對模擬兩可的長期不安，導致我們喜歡運用可預測、令人放心和熟悉的詮釋方法，就算它們只代表部分的事實，或者跟事實完全無關，至於其他不符合的事物，都被我們擱到一旁。我們正在強制執行同調的詮釋法。我們把這個世界看得比實際上還要更條理分明。[2]

我們的自我越膨脹，我們就越感到脆弱，也越想要去預測和控制周遭世界。同調（coherence）並非事實，只是讓我們相信這個世界是可預測和已知的。於是我們會去找出、看見和詮釋這個世界，以符合自己的敘事，而不是配合事實來調整自己的世界觀。基本上，我們是在幫這個世界上色，這樣一來我們就不會有汙點。

「心智健全」（sanity）是「視角」的同義詞。我們的視角越清楚，認清的事實就越多，我們的態度、思想和行為就越客觀及理性。當我們拒絕以負責任的態度去承認自身或生活上的任何不足時，那個自我就會跑出來「保護」我們，把錯怪到別的地方。換言之，我們會認為「如果我沒有錯，那就一定是你錯了」。為了讓自己在我們的心中保持完美無瑕的狀態，我們被迫去扭曲周遭的世界。

然而，如果我們對事實的理解是有瑕疵的，我們對生活的調適也會跟著遭殃。情緒的不穩定，基本上就是因為我們不清楚自我能把我們看待自己和真實世界的方式扭曲到什麼程度。當一個人失去健全的心智（也就是看待、接納和回應這個世界的能力）時，就表示他已經失去了所有的視角。

請問牆上的鏡子

拉爾夫．沃爾多．愛默生（Ralph Waldo Emerson）曾寫道：「人們似乎並不明白他們對這個世界的看法也是一種性格的自白。」這是一句妙語，也是對人性一針見血的洞察。人們看待這個世界，就像是自己的反射。[3] 如果他們把這個世界看成是腐敗的地方，那麼在某種程度上（也許是潛意識裡）他們也是腐敗的。如果他們有得到誠實工作的人，通常他們也是這樣看待自己。這也是為什麼行騙高手會最先去指控別人詐欺。

有句老話說：「你對別人的評論，展現出你是怎樣的人。」這是有心理學根據的。研究調查發現，當你請某人評價別人的人格時（可能是很要好的同事、熟人或朋友），他們的回答可以讓你直接洞悉這個評價者的人格特質及其情緒健康。事實上，研究顯示「很多負面人格特質，都跟負面看待別人有關」。[4] 特別是評價者用來形容別人的負面程度，以及「會負面看待別人的傾向，這些能看出當事者患有憂鬱症以及各種人格疾患的可能性」，其中包括自戀和反社會行為。[5] 同理，我們有多正面地看待別人，也跟我們有多快樂、多仁慈和情緒多穩定有關。正確的視角（即自我縮小）會帶給你穩定性，讓你專注在周遭世界和其他人的良善面上。我們的焦點所在，會成為我們的經驗、我們的現實世界。我們自己決定了要把什麼帶進我們的視野裡。

你的自我敘述著你的世界，並利用經驗法則去調控「什麼可以進來」和「什麼得留在我們的自覺意識之外」。一個人的情緒越不健康，就越會詆毀周遭的世界，以彌補自己的缺點和容納不安全感。因此，別人對待你的方式，正反映出他們的情緒健康狀態，點出了他們的問題，而不是你的問題。我們付出愛，付出尊重。如果有人不愛自己，你指望他們能給你什麼呢？情緒健康的人是真誠的、忠於自己、不帶批判、能夠接納別人。那個真正的「我」會散發光芒，對事實的認知也更清楚。當一個人的自尊毀壞時，他們的自我就會現身，讓視角變得扭曲。

有煙的地方就有火

發表在《小兒科學刊》（*Journal of Pediatrics*）的一篇研究調查，曾針對煙霧警報器的各種特點進行檢視，以便確定哪一種最能叫醒孩童。他們發現，相較於一般的警示音，如果是用媽媽的聲音來當警示聲響，睡著的孩子有多出三倍的可能被叫醒。[6] 這個反應是源於大腦基部裡一種過濾機制——網狀活化系統（reticular activating system, RAS）。網狀活化系統會保護我們不被一些不必要的刺激給淹沒。拿警報器裡媽媽的聲音為例，就是網狀活化系統會確保我們只回應重要的事情。我們的目標（在某些例子裡是指我們的恐懼）會決定什麼才是我們認為重要的事，以及我們是否該無意識地打發它或是有意識地接受它。[7]

以自我為主的敘事⬇導引網狀活化系統⬇透過經驗法則來過濾
＝視角（我們看到什麼，以及我們對於所見事物的想法）

假設你在雞尾酒會上跟人談話時，留意到另一場對話，你的注意力轉移了，把站在面前的那個人的聲音自動「關了靜音」，改而去聽更遠一點的那些人在聊什麼，這也是網狀活化系統在作用。網狀活化系統非常強大，一個人會把自己的網狀活化系統導向有意義的地方，而所謂有意義的地方，就是他們必須看見的地方。而他們所專注的地方，也說明了自己是誰以及對生活的看法。

♠撲克玩家

我在前文提過，在玩德州撲克的情境下，翻牌時，如果賭客有一手勝算很高的牌，他會快速瞄一下自己的底牌，然後移開目光。但還有一件事也是真的，那就如果賭客在翻牌之後就去看他的籌碼，那麼他可能也有一手勝算還不錯的牌。原因是，目光焦點會跟著興趣所在而移動，如果他想要下注，就會去查看自己有多少本錢，瞄一下自己的籌碼，因此在無意中洩露出他的興趣所在。

當我們留意人們是如何看待自己及其世界時，像是他們會被什麼吸引和避開什麼；他們會提到什麼和漏掉什麼；他們會指責什麼和防衛什麼；他們會接受什麼和反對什麼等，我們就會知道關於他們的「我的故事」。換言之，那個「什麼」（他們的焦點所在和所看見的事物）會告訴你「為什麼」（他們專注在那上面的理由），然後這個「為什麼」又會告訴你，他們是「誰」（他們的真面目）。

身為人類的我們，總是設法透過故事去理解自己和世界。而這個指出我們人生的故事，可以用來解釋「我是誰，以及我為何存在」。這就是我們的敘事認同（narrative identity），也是「關於自己的內化演變的故事，我們之所以建構它，是為了給自己的生活一種目標感和統合感」。[8] 這個「我的故事」不只忠實投射出我們是誰，也說出我們曾經去過哪裡和未來的走向。

就像任何一個好故事一樣，我們的故事也需要一個具有凝聚力的情節。它必須言之有理。一旦我們建構起自己的敘事內容，身為人類的我們就會被迫去維繫它，這是自我界定，更是一種自我幽禁（self-confining）。[9] 如果我們的個人敘事裡出現裂痕，那個自我就必須趕緊重寫，說明目前出了「什麼事」以及「為什麼出事」，然後創造出一個新的故事來解釋我們的人際互動（他人的行為），也（向自己和別人）解釋我們自己的行為。自我會生出一個新的敘事。在下一章裡，就要來看我們是如何逐步改寫自己的故事。

第12章・防衛網的活化

在面對「個人敘事」和「現實世界」這兩者之間的矛盾時，自我會啟動許多防衛機制來扭曲現實。我們的敘事完整性必須被保住。為了活得心安理得，我們必須欺騙自己。

沒有人想承認自己是自私和懶惰的，更何況是失敗或瑕疵。我們必須把自己那已眾所皆知的故事搞清楚。因此，自我會準備許多盾牌和緩衝物（即防衛機制），好讓「我們是誰」的這個故事可以吻合我們的行為。我們會扭曲或刪除世界裡的一些面向，以平息自覺意識裡那些令人不快的感覺。最常見的方法就是迴避、否認或辯解。

吸菸就是一個可以如實刻畫內心衝突的經典例子。吸菸者可能會承認香菸對健康有很多負面影響，但他或許也想要健康。這種互相矛盾的想法所產生的張力，可以靠以下幾個方法來緩解：(a)不去想它，(b)對證據表示懷疑或乾脆否認，(c)提出吸菸的正當理由（「反正我明天出門也可能被公車撞死」或「我必須吸菸，不然我的體重會爆增」），或(d)接受真相，開始戒菸（就算老是失敗）。當然，選項b和c所展現的防衛機制並非在保護自己，反而會害當事者更忐忑，更沒安全感。隨著這些防衛機制的出現，「真相」和「接受真相的能力」這兩者之間的缺口，也跟著暴露出來。

你有沒有想過為什麼有人就是一定要相信某件事，就算有明顯的證據告訴他那是不對的？他堅持一定是字典錯了，只因為字典裡找不到他在拼字遊戲裡想拼出來的字。至於跟他玩「打破砂鍋問到底」（Trivial Pursuit，註：一種知識問答桌遊）這個遊戲就更絕了，他會讓你開始懷疑卡片真的印錯了。他「必須」是對的，不然就會生氣。他不能覺得自己「處在劣勢中」，他不能是錯的，不能失去權力。一個膨脹的自我，代表的是更多的指責和更少的責任承擔。

這就是為什麼低自尊的人很難原諒別人或表示歉意。[1] 如果去挖掘其中的心理，就會發現是自我誘騙他們相信「唯有不斷發怒，才能變得強大，不會脆弱」。其實剛好相反。如果一個人怎麼樣都無法放手，甚至去尋求復仇的可能，這就代表了情緒上無償付能力（emotional insolvency）。同理，當他們是錯的或者傷害到別人的時候，會多快道歉？當他們被傷害的時候，能夠原諒別人嗎？那些能輕易移開自我的人（必要和適當時會原諒及道歉的人），都是用比較高的情感力度（emotional strength）在運作。赫赫有名的精神病學家湯瑪士．薩斯（Thomas Szasz）曾坦率寫道：「要提防那個從不說『抱歉』的人。他是軟弱又害怕的，有時候只要一點點的刺激，他就會像困獸一樣要爭個你死我活。」[2]

隔著玻璃鏡

對於我們對待別人的行為，自我也一樣做好準備，不會讓自己被冠上不道德、自私或傷害人的行為印象，方法包括了(a)聲稱責任不在自己（「我只是聽命行事」），(b)主觀對比（「其他人都做了X和Y，我只做了X」），或(c)貶低受害者（「他不是好人」或「反正他們也不在乎別人」）。

我們經常會透過基本歸因謬誤（fundamental attribution error），也就是眾所皆知的對應偏誤（correspondence bias）或歸因效應（attribution effect），來微調我們的敘事內容。於是，我們就可以好整以暇地原諒自己的錯誤或道德缺失，把錯怪到我們無法控制的處境或環境上。但是，如果別人有同樣的行為，我們就會歸咎到對方的意圖上，或者提出跟人格有關的解釋方式。[3]

這讓人想到已故的喜劇表演者喬治・卡林（George Carlin）曾說過的一句話：「你有沒有注意到，只要有誰的車子開得比你慢就是白癡，開得比你快就是瘋子？」沒錯，當路上有人把車子插入到我們前面時，我們的第一個反應就是拿對方的個性來開刀，例如：「他是個瘋子」、「這個人超沒品的」、「他會不會開車啊！」而不是把他的行為歸因於某種特殊狀況，像是趕著去醫院或其他緊急事件。相反的，當我們開車插入到別人前面時，都是有高尚的動機或者情況特殊，例如：「我們給這傢伙一點教訓」、「他的車是從哪裡冒出來的？」、「我趕著開會」或「我今天夠慘了，得快點回家好好休息」。我們都相信，我們的行動不會洩露出自己性格上任何不太得體的事情。[4]

一個人的自我越膨脹，就越難看到除了自身及其欲望和需求以外的東西。同理心需要的是視角的改變，也就是設身處地地為他人著想。如果一個人永遠只想到自己，完全專注在自己的痛苦上，那麼自我就會卡住他的視角，害他無法離開原來的位置，透過別的透鏡來觀看世界。當他狀態良好時，可能很好學，好像很體恤人、對別人的生活感興趣，但是別被誤導了，那只是把好奇心包裝成關心而已。

破碎的鏡子

大多數的人在面對自己完全認同的事實時，不太容易被冒犯到；我們也不太常因為一個明目張膽到可笑又冒失的謊言，感到困擾。通常只有在面對我們拒絕承認的事實時，才會變得敏感或自我意識很強，於是導致恐懼和防衛機制的出現。

一旦我們完全接受了關於自己或生活裡的某件事，便不再需要有所隱瞞。我們不在乎有誰知道或發現這件事，也不允許現實世界妨礙我們前進。事實一旦被接受之後，就不會再傷痕累累或受到傷害，但是，妄想（delusion）這種東西卻會因為別人的一句耳語或一個眼神而破碎。

知名精神病學家榮格（Carl Jung）曾寫道：「任何一件會令我們對別人惱怒的事情，都可以用來瞭解我們自己。」很多人都知道，如果我們因為別人的錯而感到不快，那是因為我們也犯了同樣的錯（至少在一些小地方上），哪怕從來沒有用行動表現出來。但是，這並未揭露出事情的全貌。比方說，如果某個人有酒精上癮的問題，可能就會對別人身上出現同樣的問題高度敏感，但是這個人會不會為此困擾，就得看他有沒有在行為上負起責任。換言之，如果他們看到自己有上癮的問題，也接受這件事，並且很負責地採取戒酒行動，那麼當他們留意到另一個人也有同樣的問題時，就會體恤和同情對方，而不是鄙視。[5]

戳到痛處

記不記得情緒性自我（emotional selves）受到威脅的時候？一般而言，只要我們的自尊越低，尤其是當真相直接狠擊我們的自我形象（self-image）時，我們的恐懼就越大。我們的防衛網通常不會在非關自我形象的地方啟動。比方說，如果你是個很糟的廚子，有人對你的廚藝語帶批評，而你卻覺得這種批評沒什麼大不了，原因可能是(a)你完全接受這個事實，和(b)你本來就不認為自己是個廚子，甚至還會得意地說你「連烤片吐司都不會」。但是，當批評離一個人的自我形象越近，就離他們的個人敘事（這就是我）越近。這時，自我就會加倍努力地保護它自己。

舉一個低自尊的專業廚師為例。他的自我形象是跟他煮出來的每一道餐點，或者所參與的廚藝大賽息息相關。你可以預測到，偏向支配型的人格會很招搖、頤指氣使，可能也很自鳴得意，有點討人厭。如果事情不順他們的意，就會暴怒。至於比較被動類型的人，則往往很愛抱怨，經常跟人作對，看起來總是有點垂頭喪氣。但你也可以反推回去，在看到某個人對這類情境所做出的反應時，便能對他有更多的瞭解。

要是有人對任何異議都高度敏感，更別提批評了，那又該怎麼說？一個很容易被冒犯且經常被冒犯到的人，以及只要他們的意見、態度和信念受到質疑，就會極度戒備的人，等於顯示出他們的自尊格外低落，因此自我經常處於警戒狀態。

帶有距離和疏離的語言

我們不需要等到一個人大發雷霆時，才知道自己已經戳到對方的痛處。語言模式會洩露出一個人潛意識層面的焦慮，它可以透過疏離的語言被聽出來。假設你有個朋友正在節食，放假過後，他這樣說：

說法A：「這個假期真的把我害慘了。」

說法B：「這個假期我的表現不是很好。」

哪一個說法意指這是一個肯為自己，也為他的節食計畫及人生負起全責的人？哪一個說法洩露出受害者心態？你有沒有注意到，在說法A裡，他的行為是怪罪到「這個假期」上。在說法B裡，他用「我」語言來承認自己的行為，為自己的暴飲暴食負起責任。用詞可以千變萬化，但是自我承擔或推卸的模式始終一致。現在，假設你想進一步探查出這個人為什麼節食失敗：

說法A：「四周都是食物，你總不能不吃吧？所以，過節的時候要節食，根本不可能嘛。」

說法B：「早知道我就自己帶吃的東西過去，我真的錯了，我以為自己可以每樣東西都只吃一點點。」

如果有人用第二人稱來表達自己的感受（就像說法A），而不是用第一人稱來陳述事實（就像說法B），代表他們的自我已經在啟動一種拉開距離的機制，以減緩情緒上的痛苦。

再看以下幾個成對的說法，留意哪種說法暗示了被壓抑下來的焦慮：

說法A：「我有麻煩了」

說法B：「我害自己惹上麻煩了。」

說法A：「這就是我的想法。」

說法B：「我的腦袋就是會往這個方向走。」

說法A：「我有時候會有這些瘋狂的念頭。」

說法B：「這些瘋狂的念頭會在我的腦袋裡不時出現。」

說法A：「我沒辦法待在家裡。」

說法B：「家裡的事害我很不自在。」

說法A勇於承擔責任，說法B讓說話者得以迴避責任。當一個人把自己變成某個團體裡的成員，疏離（規避責任）的證據就更明顯了。譬如，有個病人對他的治療師說：「你都不關心你的病人。」而不是「你不關心我。」[6]最極端的例子是在言語裡刪掉自己和訊息對象，等於有效地切斷了所有情緒連結，讓他的脆弱完全歸零，因此他的說法會像這樣：「化驗師不在乎他們的病人。」[7]

其他疏離機制則是理智化或概念化一個人的情緒。譬如，精神科醫師要病人形容一下年幼時被母親遺棄的感受，病人回答：「我母親離開時，我真的很受傷。」這種回答很誠實，也健康地表達出自己的感受。但如果她無法承認這種痛苦，她的回應聽起來會像這樣：

「那對任何孩子來說都很煎熬。」

「你也知道，很多人都覺得生活不是那麼容易。」

「你很快就學會長大。」

「疏離」是防衛機制裡的核子級手段，用來處理那些被壓抑或受到抑制的焦慮感。

當這種痛苦太強烈時，那個「我」就會離開，以解決排山倒海而來的情緒。基於這個理由，極度悲傷的人不會像平常一樣使用那種自我沉浸式（self-absorption）的代名詞（我）。悲傷難過時，就算是臨床上的憂鬱症，都會把我們的覺察力移向自己。但是，過於強烈的悲傷會從自己的身上被引流開。需要情緒減震器的我們，不肯接受這種原始情緒。這很類似極度憤怒的經驗，我們會避免使用人稱代名詞，改用不具個人色彩、帶點距離或實事求是的語言。

在別人的痛處附近挖掘時，務必要留意，才能評估對方恐懼和沒有安全感的程度。但事先知道對方的哪個地方最敏感，更是重要。雖然我們所堅守的價值觀，是在向全世界宣告我們最在乎的是什麼，但我們也即將看到價值觀裡的質性如何為最深沉的自我繪出一幅自畫像。

第13章・價值觀的意義何在

當人們在談到或寫到自己時，通常都在強調五個領域的其中之一。他們會談到自己的個性特質（例如：我很誠實、我很友善、我很努力工作），他們的人際關係（例如：我是個爸爸，有三個很有趣的女兒；我喜歡真心交朋友），他們的所有物（例如：我在湖邊有棟房子；我喜歡開著那輛改裝過的六七年北美野馬車到處兜風），他們的外表（例如：我有運動員的體格；我有淺藍色的眼睛和金色頭髮），或者他們的職業或技術能力（例如：我是個建築師；我的手工很強）。你可以從這些地方有效偵測出足以洩露對方自我形象的線索，包括他們如何看待自己、最看重自己的什麼特質，以及他們相信是什麼使自己成了別人眼中一個有價值的人。

邏輯告訴我們，我們在自己身上所看重的特質，也是我們在別人身上會看重的特質。對自己的體適能很自豪的人，通常也很欣賞那些跟他有相同特質的人。對他來說，這代表一個人值得尊敬和深交。不管任何特質都一樣。守時的人，大多都認為守時是個美德。[1] 但這個前提是，在我們身上的這些特質，必須是我們所看重的，才會是我們欣賞的特質，我們才會被有同樣特質的人給吸引。一個病態肥胖患者如果對自己的體重很不滿意，自然也不太可能欣賞這些特質。同理，一個老愛遲到、以自我為中心的主管，不會喜歡別人讓他等候。

這裡有兩個重點，**如果有個人在自己的生活裡很著迷或專注於某種特質，可能也會非常留意你身上有沒有同樣的特質**。同理，當你知道某人特別警覺別人身上的某個特質時，也等於看透了對方最看重自己的什麼特質。就像C. W. 路易士說的：「不管人們看重的是什麼，都會自然而然地出聲讚美，也會本能地催促我們跟他們一起讚美：『她好可愛，對不對？這不是很壯麗嗎？你不覺得那很了不起嗎？』」[2]

因此，要留意人們是如何轉移話題或直接改變話題。以前當凱迪拉克（Cadillac）還是車中之王的時候，有位生意上的朋友總是覺得有必要在每次對話裡插進「他擁有一輛凱迪拉克轎車」的這件事實。我記得，有一次他跟一名新同事握手，也絲毫不放過這個機會。「小子，你握手很有力哦！我的汽車經銷商也是這樣跟人家握手的。」然後停頓一下，就開始大聊特聊那輛車的製造年份和車款。

一個人如果缺少他們自認為重要的東西，就會對這部分高度敏感。那位生意上的朋友之所以經常提到那個昂貴的所有物（凱迪拉克轎車），其實是在暗示他對錢不夠多這件事很沒安全感。無論價值觀是什麼，自我都會設法去描繪和投射出那個形象。他的自尊程度會在上述的價值觀受到質疑時顯現出來。記不記得上一章提到，當一個人的情緒性自我受到威脅時，自尊越低的人以及此威脅離自我形象越近的時候，個人敘事裡的薄弱環節就越會暴露出來，而他們的自我就會更加倍努力地要保護自己。

意義的價值所在

真正的快樂和持久的快樂，只有在我們回到現實的時候（而不是逃離它）才會被找到。某件事越有意義，就越是能讓內心快樂起來。躺在沙發上看電視固然很舒服，但不太有意義。對舒適的追求，基本上都是在躲避現實，不只否認了真正的快樂，也讓我們的幸福都跟著短路。

毫無疑問的，對於自我導向型目標的追求，會帶我們脫離現實，就像追求消遣娛樂那樣從現實中脫離得又快又徹底。著名的心理學家，也是納粹大屠殺的倖存者維克多・弗蘭克（Viktor Frankl）曾把這種現象形容成「對意義的無聲哭求」，佛洛伊德（Sigmund Freud）也寫道：「人們經常使用虛假的衡量標準，而這種印象是很難擺脫掉的；他們為自己追求權力、成功和財富，並且欣羨擁有這些東西的人，他們低估了生活中真正的價值是什麼。」[3]

研究證實，那些把名利看得很重的人，相較於那些追求健全人際關係、培養自身潛能、參與公益事業，為自己的人生找到意義的人，前者顯然較不快樂，在情緒上比較沒有償付能力。[4] 但這並不是說有了名利就會害你不快樂。一點也不。你可以擁有名利但也很快樂，但是快樂並非取決於這些事情。事實上，光是覺得舒服自在和玩得開心並不夠。潛藏在最深處的那個自我仍在啃蝕著我們，我們不是做得更多就可以了，還要更上一層樓才行。套一句亞伯拉罕・馬斯洛（Abraham Maslow）的話，「如果你打算成為一個比你本該有的能力還要弱的人，可能終其一生都不會快樂，幾乎每天都在憤怒。」[5]

長久以來，心理學裡的座標軸都是由以下幾個跟動機有關的理論組成：佛洛伊德的「我們受到快樂的驅動」、阿爾弗雷德・阿德勒（Alfred Adler）的「我們受到權力的驅動」，以及意義理論——「我們努力的主要目標是為了找到意義」。我們可以看到這三種模式如何合成一個單一結構。意義的追求給了我們極大化的快樂，而這種快樂的前提是自我調節（self-regulation），或是自我控制的能力。這才是最高境界的權力。

自尊、衝動控制和情緒健康

現在，我們又回到了原地。一個人的生活要活得有意義（也就是吻合自己真正的價觀），需要靠衝動控制（impulse control），也就是對自我說「不」的能力。但是，如果你不喜歡自己，就不會對自己投資，那就沒戲唱了。自尊是一種自愛（self-ove），會讓你想要打起精神地做到自律。當自尊低的時候，我們的興趣和注意力就會從長期焦點轉移到眼下的快感，如果感覺不錯就去做，管它後果如何。我們的短期焦點很淺薄、很狹隘。無數的研究都證實了，低自尊和一系列的自我破壞行為及習慣息息相關，從衝動性賭博、電玩遊戲、購物到衝動冒險的活動，以至於直接的自我傷害都包括在內。

當我們熱愛自己時，就會以極大化的努力和極小化的痛苦，來對未來的幸福生活進行投資。就像當我們很愛某人時，就會很想為他付出，而當我們很愛自己的時候，也會很想為自己付出。我們之所以可以輕易地做到這件事，是因為我們的焦點不在努力（也就是痛苦）這件事情上，而是在報酬（也就是快樂）上。我們對自己的感覺是什麼，決定了經驗的全貌。任何任務所涉及的痛苦或努力，都只有在跟自尊程度對比下才能感受到。

如果有人對自己的感覺並不良好，通常會去尋求眼下的快感所帶來的臨時又空洞的慰藉，他會屈服於衝動，而不是克服它們。這種像蒸氣一樣的快樂，掩飾了他對自己的鄙夷，但也像蒸氣一樣很快就煙消雲散，因為這種刻意尋求而來的舒適感，會被更大的痛苦取代。他只是陷入無限的輪迴裡。當我們設法避開正當合理的挑戰所帶來的痛苦時，基本上就是在避開一個有意義的生活，也等於避開了快樂的生活。

誰要付出代價

人格疾患和情感疾患絕對不是相互排斥的。但是，飽受人格疾患之苦的人，都會為了減低個人的痛苦，而把這種痛苦加諸在別人身上。譬如，衝動控制的缺乏所導致的賭債積欠，可能會使當事者企圖去控制別人，以便拯救自己。有些人甚至為了減輕身上的負擔，而訴諸犯罪或暴力。

無論有沒有人格疾患，飽受情感疾患之苦的人都很容易透過許多惡行來公開地自我傷害。為了得到痛苦緩刑令，他們會轉向手邊任何可以幫忙分心和轉移注意力的手段。他們利用各種偽裝成歡樂的方法來懲罰自己，像是暴飲暴食、飲酒作樂、藥物濫用，以及其他可分散注意力的無數娛樂，這樣一來，他們就不用檢視自己的生活。他們想要愛自己，卻反而害了自己。他們無法投資自己的未來幸福，於是用幻想來替代愛。久而久之，在不同程度的自我覺察（self-awareness）下，隨著罪惡感和羞恥心的加重，自我糟蹋（self-sabotage）變成了自我傷害。他們不再設法逃離痛苦，而是把痛苦施加在自己身上。

為什麼有些人就是比較能處理壓力和創傷呢？答案是韌性（resilience）。在下一章裡，我們將更深入地探討自尊、衝動控制和焦慮之間錯綜複雜的關係。唯有瞭解到人們回應生活壓力源的方法有何不同時，我們才能看出誰懂得變通，誰又會崩潰。

第14章・韌性因子

雖然環境會影響我們的心理健康，但是，克服挑戰和捲土重來的能力，才是那個可以看出外在事件對我們的影響程度的因子。情緒韌性意味著有能力適應和處理壓力，不會因為心理上失能（譬如老是陷入負面情緒，甚或臨床上的憂鬱症）而無法克服逆境。

你可以把韌性想像成一種情緒上的鐵弗龍塗層，就像是某種抗性（hardiness），不只能協助我們對付日常生活裡的壓力，也能在我們面對重大壓力源或嚴重創傷時，幫忙保護自己。

自我縮小＝比較不需要掌控一切

情緒韌性源自於一種對自己和未知的信念。我們（自我）不見得總是能從狹隘的視角去理解為什麼，而一旦我們願意承認這個事實，就不再需要去理解未知的一切。可是，自我當然不允許這種事，它必須把未知（無分大小，也無分影響程度）假造成已知。它永遠都在抓住不合邏輯又沒有價值的事物，企圖去解釋不可解釋的一切，但也只是徒勞。

我們的韌性，來自於我們承認生活裡一些最痛苦的折磨，是超出自己所能理解的；如果我們能接受這一點，甚至敢去擁抱這些未知，那麼儘管我們無法徹底搞清楚其中的原因，仍然會相信這終究是為了我們好，然後我們就有了情緒韌性。但如果我們允許自我占上風，那麼對於每一次的碰撞和受傷都會回以憤怒的反抗，等於強化了自我所告訴你的訊息：我們就是壞，活該承受痛苦和懲罰。

越是以自我為中心的人，越是認為這個世界是繞著他轉，也因為自尊低的關係，越是相信自己活該承受痛苦和折磨。因此他的結論是，這一切都是針對他而來，並不是為了他好，因為從他的視角來看，這個宇宙（以及宇宙裡的每個人）都恨他。以自我為中心的人，會把每件事都想得很有針對性。他去露營卻碰上下雨，是因為他不被允許擁有一段美好時光。同理，路上的八輛車連環車禍害他開會遲到，也是針對他的一種報復。一切都是繞著他轉。隨著自我中心性（egocentricity）的膨脹，當事者可能變得多疑偏執，深信自己是這一切因果關係的中心。

我們多少都會逃避

無論你走到哪裡，都有媒介提供你無需動腦的消遣。速食性娛樂可以讓你躲進其他世界，包括永遠到不了終點的電玩迷宮、電影、電視節目、部落格和論壇，在那裡，我們可以脫離生活裡的壓力源。每當我們無視生命裡激昂的樂章，將注意力轉移到別的地方，不去面對它的時候，我們的韌性就會受損。

當心裡的喋喋不休（擔心、害怕和焦慮）始終沒辦法關掉時，我們就會把注意力轉移到別的地方。我們將自我反映（self-reflection）下那令人不安的噪音關小，再把幻想的音量開大。曾經有研究人員在滾動查看了數百萬條的推特（Twitter）發文後，發現到經常飽受憂鬱之苦的人，普遍會寫出跟分散注意力和逃避主義有關的推文。最常出現的字詞包括：注意囉、電影時間、插曲、閱讀、百分之百、書、最愛的遊戲、角色、棒極了、景色、明星、東西、好酷、恐怖、開始。[1]

心理學家暨行銷大師恩斯特・迪希特（Ernest Dichter）被稱為「動機研究之父」，他的解釋是，當人類變得害怕時，大多會退化到可以讓人寬心的行為裡，甚至是嬰幼兒時期的行為和獸性驅力（animalistic drives），以轉移自己對焦慮的注意力，或者疏通他們的焦慮。[2]這就是高糖分、高油脂或富含鹽分這些可靠的「安慰食物」（comfort food）背後的心理學。它們提供了一種充實感而不是空洞感，能使我們的心情好起來（儘管只是暫時的）。它們藉由刺激大腦裡的獎賞系統（reward system）打造出一種短暫的幸福感，暫時抑制了情緒上的痛苦。

這個見解非常管用，因為它披露出人們都是如何應付生活中的壓力。恐懼管理理論（Terror management theory）的解釋是，我們會用以下兩種方法之一來對付焦慮。當我們的生活很充實又充滿活力時，我們往往能擁抱自己的價值觀和信念，而這兩者都能為我們的生活帶來意義。這就是所謂的「死亡提醒」（mortality salience）假設，可以促進自我調節。但如果我們活得不太有意義，就會用自我放縱來安撫恐懼，從巧克力到度假都可以，而這就是所謂的「焦慮緩衝」（anxiety-buffer）假設。[3]你有沒有想過為什麼晚間新聞的廣告，往往是具有逃避主義色彩的產品？研究調查發現，災難和死亡新聞會使觀眾轉移到「讓我們吃吃喝喝吧，因為明天我們就會死」的心態。[4] 換言之，令人傷心的新聞會使你想要放縱，尋求當下的快感。

衝動控制的唯一弱點，就在於我們如何處理自身的恐懼。理解這一點是很重要的，因為**從人們如何應對眾多可引發焦慮的情境裡，譬如約會、協商或面談，可以看出他們的心理健康狀態。**[5] 他們是看見、接受和回應？還是做出反應，然後又後悔？抑或只是閃躲？當我們面對一個壓力源時，會評估眼前的狀況，然後決定如何回應。比方說，工作時得空休息一下是件好事，如果你對這份工作感到焦慮，這些休息時間應該是要幫助你熬過焦慮，而不是躲開它。如果你闔上筆電，在焦慮來襲時轉身走開，便等於是在強化逃避主義的模式。你的逃避可以暫時緩解焦慮，卻強化了躲避會帶來平靜與慰藉的那種神經模式（neural pattern）。這種冷靜是短暫的，因為它很快就會被罪惡感取代，而這正是一種轉向內在的憤怒。

憤怒和焦慮的循環一而再、再而三地不斷惡化。自我調節失敗（也就是使我們喪失自我控制，屈服於衝動）有幾個最重要的起因，其中一個就是憤怒。[6] 可想而知，憤怒會對自我破壞的行為和習慣做出讓步，譬如酗酒、賭博或藥物成癮。[7]

你是否曾留意到當你在對自己生氣時，通常會去摀打東西或者把東西翻倒在地？這是情緒擾亂（emotional discombobulation，就是對你自己生氣）呈現在肢體動作上。也許你滿臉通紅、心煩意亂，根本沒看到那張桌子。但在心理上，也可能是你的潛意識想要懲罰自己，因為你做了一個自知不對的決定。更簡單地說：罪惡感是一種負作用力（negative force），可以壓倒我們，導致我們不自覺地被激出一些自我破壞的行為。

有一項研究是針對兩千五百多名曾經嚴重受傷，在急診室裡接受過治療的病患進行調查，結果研究人員發現，三十一・七%的人在受傷之前都感到煩躁，十八・一%的人則是覺得憤怒，十三・二%的人感受到敵意。[8]

過度與不足

我們的情緒生活品質，跟我們願意接受的責任量成正比關係。在《現實療法》（*Reality Therapy*）裡，知名的精神病學家威廉・葛拉瑟博士（Dr. William Glasser）寫道：「人們做出不負責任的行為，是因為他們生病了。他們生病了，是因為做出不負責任的行為。」[9]但是要如何衡量真正的責任感，這個問題可能不像你想得那麼簡單，因為人格疾患之患者對於自己的衝動不是控制不足，就是控制過度。那些看上去情緒健康、對道德價值觀和理想有堅定信念的人，可能根本不是那一回事。

有一個古老的謎題是這樣問的：「你走進森林可以走多遠？」答案是「一半」，因為當你走進森林，抵達正中間的時候，就開始走出森林。要判斷情緒健康與否，我們通常都是找森林裡的中間點——平衡與適度。如果所有態度或行為的表現幾乎都很極端，不管那個表現有多值得讚賞或多合理，都是不自覺地陷入了情緒不健康的荊棘裡。

比方說，愛乾淨是一種美德，但如果對方對乾淨的執著程度已經到了不停清潔、瘋狂清潔、強迫清潔的地步，甚至連已經很乾淨的物品還要再清潔一次，那就太極端了。另外，抱持著某種程度的開放和接納態度，當然是正面又健康的一種特質，但也要適度抱持小心和保留的態度。如果往極端的兩頭偏移，我們就不自覺地陷入了不健康的領域裡。同樣的，熱愛運動是一個很正面健康的特質，但是腿斷了還在跑，只因為你覺得一定要「做足運動」，這顯然就有問題了。這種行為很危險，代表的不是紀律和智慧，而是愚蠢和缺乏自我調節。幾乎所有令人讚賞的特質，都有一個不健康的特質與它對應。

・個性親切是正面的，疏離冷漠則不然，但是太過黏人就不健康了。
・勇氣的展現是正面的，畏縮則不然，但是厚著臉皮做，就不健康了。
・有決心是正面的，優柔寡斷、猶豫不決則不然，但是心胸封閉就不健康了。
・有彈性是正面的，死板固執則不然，但是沒有骨氣就不健康了。
・信任別人是正面的，多疑偏執則不然，但是太過天真就不健康了。

要是一個人缺乏衝動控制，所表現出來的行為是經常漠視自己和他人。對方會準時地繳納信用卡帳單，而且量入為出嗎？還是對錢的事很不在乎或者不負責任？在做決定的時候，他會深思熟慮、精於計算嗎？還是會從事高風險的行為，證明這個人判斷力很差，總是不顧自身和他人的安全，行事魯莽？他會把事情從頭到尾地想清楚並考慮到後果嗎？還是老愛自以為是地倉促做決定？

在這裡，我們也要留意各種極端的表現，譬如，一個沒有能力承擔風險和投資自己的人。至於總是過度控制自己的人，也可能代表某種隱藏版的人格疾患。比方說，有迴避性人格疾患的人害怕冒然進入社交場合，因為擔心被奚落或責罵；同樣的，飽受強迫性人格疾患之苦的人，害怕使壞或做錯，因此他們那過度活化的善惡觀念會造成他們過於謹慎和高度專注在規矩及法規上。這在任何領域都一樣。每個角落都有那種挑戰權威的人，因為他們不尊重權威，更別提社會規範了；但同時也有那種就算是最雞毛蒜皮的規定也不敢違反或打破的人，因為他們害怕後果，對權威恐懼到不成比例的地步。

若是把各種心理特質再加進來，情況就更複雜了，因為這其中不只有很多心理疾病的分類，也有數量多到令人頭昏的等級。而找出問題所在的挑戰難度就更高了，因為它們往往是互相糾葛或重疊的，共病現象的比例高達九十%。[10]如果一個人有一種人格疾患，很可能至少會有另一種人格疾患，再加上很高比例的焦慮和憂鬱。

在第四部分裡，我的剖繪系統可以讓你在不必做出正式診斷的情況下，先辨識出對方的情緒是否有恙。其目的只是讓你去洞悉一個人的心理架構，不是要給他們貼上特定的疾病或疾患標籤（雖然我們會針對某些疾病）。這會使你有能力去瞭解對方的情緒不健康到什麼程度，而不是把他們的症狀病態化成不可改變的診斷結果。

Part／04

建立一套心理剖繪

如果你在乎一段新感情或是維持很久的感情，不必再費心去猜是怎麼回事或哪裡可能出了錯。就算你跟別人的互動，僅限於單純的觀察或簡單的交流（不管是用Zoom打電話，還是在公園裡，甚至在電梯裡），這個單元都會協助你打開窗戶，進入對方的心理世界，查看情緒穩定度。你將學會如何親自、在線上，或甚至在電話上，分辨對方是否正常、神經質或者很危險。

第15章・尋求心智健全

視角決定了我們看待和回應任何情境的方式，並指引著我們（或者欺騙我們）把它放進兩個類別的其中之一：「這很重要」或者「這不重要」。速效性的心理評估需要我們回答以下問題：這個人對生活裡的優先順序有持平的看法嗎？還是他對任何一點小事就會暴跳如雷，卻可能無視真正重要的事？他似乎很清楚什麼很重要，什麼不重要？還是他老是過得亂七八糟，狀況不斷？他抱著感恩的心態或滿懷希望嗎？還是他老是抱怨和指責別人？縱然偶遇挫敗，他還是熱愛人生嗎？或者他只是一直在等下次的不幸遭遇？

如果你留意到某人經常因為一點小事而發怒（或者一點小事就很興奮），你都得小心了。對情緒不健康的人來說，每件小事都是大事。在任何缺乏視角的情境下，你將無從分辨事情的重要性。視角提供了背景脈絡，而背景脈絡帶來了意義。沒有背景脈絡，我們就無法認同所面臨的挑戰，更別提欣賞它了。

一個人是如何回應生活裡的小輸小贏，可以披露很多事情。但是，我們不需要等在旁邊監看。每天的對話也像一面放大鏡，可讓我們洞悉一個人的內心世界。

現實世界的透鏡

一個人是如何回應和反省生活中的挑戰，甚至是日常的境遇，這些都能洩露出足以代表其視角的可辨識標記。視角代表著我們是透過「汙染」還是「救贖」主題在組織經驗。後者跟情緒幸福感息息相關，前者則跟不太健康的心理有關。[1]

汙染敘事（contamination narrative）是一種「一切都毀了」的說話調調。因為X，美好的一切都無可避免地讓位給負面感受，造成不可逆的毀壞。[2] 既然無法萃取出任何美好，更別提要當事者從全貌的角度去檢視，將這個事件視為正面的體驗，於是他就用弄髒的畫筆來塗繪整個經驗，譬如「野餐進行到一半就下雨了，害一切都毀了」。[3] 他完全不去回想或提到在那個時間點之前的任何開心有趣的事情和對話。任何的美好都只是被短暫承認，隨即被貶低或淡化；所有的甜美都是酸苦的，事件的一切都被重寫成負面的經驗和回憶。

相反的，救贖敘事（redemptive narrative）是去深入挖掘，找到那一線光明，哪怕從客觀角度來看，當時的情境是艱難或悲傷的結局。當然，這並不是說我們要一派天真地回顧每一件難事，或者盲目地認定「好一定多過於壞」。而是我們要懂得如何把一個重大的困境（例如：個人創傷或心愛的人罹病）當成最終可以找到救贖或甜美果實（例如：家人的團聚；改變一個人的視角並重新排列價值觀）的催化劑。[4] 而且也能從中找到許多值得感恩的正向事項（例如：沒有痛苦；工作人員都很有愛心；有家人作伴）。

當一個人談到他的生活時，你只要聽出正向和負面細節／事件這兩者之間的比重，便能深入找出當事者的視角。[5] 我們可以憑直覺聽出某人對負面的強調是在談汙染主題，而對正面的強調是在談救贖主題。我們也都知道，有一種人只要一走進屋子裡，馬上就會找到不夠完美的地方。他就像飛蛾撲火一樣瞄準它。因為這是他看到的現實世界——很負面的現實世界。也由此，可以推斷這種人不太懂得感恩，過得不快樂，在他的人際互動關係裡總是有一種「你最近對我做了什麼」的態度。

擁有共同世界觀的人都有相似的語言模式。我們會看到那些缺乏視角的人，說著屬於他們自己的語言。

絕對、肯定、百分之百

在第十一章裡，我們瞭解到，自我為了要滿足你對安全感的幻想，會很快就拿出先前的結論和類別來定錨我們的世界觀。高度壓抑和焦慮的人有很高的機率會使用武斷的表達方式，裡頭的字詞常有：總是、每個人、沒有人、完完全全、必然、必定。相反的，焦慮程度低的人則會使用：有時候、鮮少、也許、幾乎、或許之類的字詞，來表達出一種比較細膩的態度和立場。6

在一些特定情況下，我們越是焦慮，就越想利用孩童式的樂觀主義和一廂情願態度，來掩飾我們的不安全感。一名外科醫師最常聽到兩種問法：「他會好起來，對吧？」或者「預後如何？」我們從直覺便能聽出，第一個問法來自於一個害怕和擔心的當事者，至於另一個問法則沒有那麼擔心害怕。同樣的，以下哪一個網路搜尋句，是出自己經投資比特幣的人，或者很想投資比特幣的人？

1、比特幣會漲到十萬美金嗎？
2、比特幣今年會上漲嗎？
3、比特幣是好的投資嗎？
4、哪一種加密貨幣在下年度會表現得最好？
5、最安全的投資是哪一種：加密貨幣、股票，還是不動產？

這些搜尋裡的語言告訴了我們，誰對不同的投資選項抱持開放態度；誰只有單一方向；以及誰已經做好決定，希望能確定自己是對的。**一般而言，一個人越不理智，就越是需要非黑即白地塗繪自己的世界。**[7] **換言之，他周遭世界的輪廓線若是堅固，他的身分形狀就可以被鞏固。**

絕對主義式的思維，代表這個人缺乏視角，也經常反映在當事者的言談裡。[8] 言談裡出現那種會示意或象徵總體（以嚴重性和可能性來呈現）的字詞、概念或表達方式，或者在行為或信念上的極端主義，都被視為「絕對主義」。[9]

絕對（例如：所有、一切、完全）

絕對負面（例如：絕不、什麼也沒有、一個人都沒有）

絕對主義者通常會從單一次的發生率來推斷出「每次都是」，由於他們缺乏視角和後續脈絡，以至於看不見全貌。此外，他們也必須是對的，這表示同調性（coherence）打敗了真相。

他們把聯想塞進其敘事的那種本領，簡直令人難以相信。我們很常看到有人使用選擇性記憶，就像小孩會提出「你從來都不讓我……」這種說法。這跟「你有時候都不讓我……」這種較健全和持平的說法截然不同。另一個常見的例子可能是：「如果我得不到這個，我永遠都快樂不起來……」

增強劑：使事件升溫

粗暴語言的使用正是絕對主義的特徵。他們不用簡單精確的說法，譬如「這個鐘不走了」，反而說：「這個鐘爆了！」這種視角幾乎跟小孩的視角無異，會讓人聯想到亂發脾氣時的畫面，活像這個鐘在屋裡被亂丟並被砸爛了。

再聽聽以下的說法：「我的膝蓋起水泡起到都爛了」和「我的表現徹底毀了這個團隊」。這兩個說法都呈現出絕對（非黑即白）傾向，以及激昂、粗糙和誇大的言語。「我們有點小爭執」或「我們看事情的角度不太一樣」，這兩種說法就不同於「我們大吵一架」或「我們因為時間表的問題而大戰」。以下是很多等級：

你弄壞了這個東西。

你毀了這個東西。

你毀了整個東西。

你徹底毀了整個東西。

你他X的徹底毀了整個東西。

一個人的語言模式會洩露出他們的人格，要是連精神疾病也暴露出來，那麼就會無可避免地出現自我相斥型疾患或自我共振型疾患的痕跡（參見第十章）。情緒不健康的順從型人格，同樣也常會在語言裡使用增強劑，但是他們的語言完全吻合聽話甚至禮貌周到的本質。於是，語言模式會從「我接受訪問的時候，把他臭罵到五體投地」變成「我拿出了最精采的表現」。品嚐一顆碩大的蘋果時，支配型的人可能會說：「這真是他X的最棒的一顆蘋果。」至於順從型的人則比較會這樣說：「這是我有生以來所吃過最值得稱讚的蘋果。」或「我可能會失去理智地吃光這些蘋果。」

髒話的使用很類似絕對主義的字詞，因為它們的作用都是副詞加強語。[10] 有的人不說也不寫：「我對這個東西徹底厭倦了」，反而拿出較強而有力的副詞加強語，來取代絕對主義者的字詞「徹底」，說法類似這樣：「我對這東西他X的厭倦了。」[11]

當然，一個人在發怒或興奮時，難免會把話說得很重，並使用廣泛性和過分籠統的字詞。從定義來說，這樣的例子意味視角狹窄，於是在語言上精準呈現出當事者的狀態。這很正常，也可以理解。絕對性語言的使用就像所有文法上的指標一樣，要留意頻率、持續時間、強度和背景脈絡，才觀察得出來，然後據此判斷這種行為是否屬於特質，是否在陳述當事者的整體視角，從而看出其心理的健康性。

要留意一點，要是有人說某件事每天都發生，而這件事真的是每天都在發生，你就不能認定這個人是絕對主義者。譬如，「我每天都盡可能拿出最好的表現」和「X！每天我都是他X的盡可能做好每件事」這兩句話是天差地別的。

背景脈絡也很重要。在職業球賽、公司內部的桌球賽，或者當地的烘焙比賽裡，用來宣稱大獲全勝的語言，當然會呈現出差異，就算用很一本正經的語氣說「完全徹底殲滅了那些失敗者」，也一定比在世界野生動物基金會（WWF）的背景脈絡下口出此言，不會那麼惹議。同理，當權人士或者一個有時間壓力的人，沒有義務用糖衣來包裹他的看法或回應。在這類情況下，他用廣泛性和過度直白的語言，可能也是情有可原的。

但要是跳脫了這些動態關係之外，就會洩露出類似法官、陪審團和行刑者這些等級升高的模式。當「我不喜歡冷天」變成了「沒有人喜歡冷天」或「只有白癡才喜歡冷天」，我們就可以從中得知這名說話者的許多事情，而不是他討厭冷而已。

法官、陪審團和行刑者

有人可能毀了整個鐘，這句話也許是真的，也許不是真的，就跟其他許多事實性或感受性的表達一樣，例如：「我從來不在上下班的交通尖峰時間開車」、「星期一一直都是我最慘的一天」。但是，當我們的個人評斷、看法或批判變得不只帶有絕對性，還帶有通用性時，絕對性語言就會變成比較明顯的情緒困擾信號。這些語言模式是建立在以自我為中心的基礎上，以及伴隨而來的狹窄視角和低度自尊。

等級一：法官

當某個人用「法官」的視角說話時，基本上是把它當成客觀事實在投射出自己的視角。譬如：「這是最棒的度假地方」、「每個人都喜歡溫暖的天氣」、「一個人沒有行事曆，就沒辦法好好處理一整天的工作」、「沒有人喜歡超甜的甜點」。不過，「法官」不會使用那種反映出普遍的公認及好惡的說法，譬如：「沒有人喜歡被占便宜」。

等級二：法官和陪審團

當一個人成了法官和陪審團，視角就會扭曲得令人有點不安，這兩者都會做出批判，用道德的圖章來蓋印，幫某人、某地或某個點子貼上「好」或「壞」的標籤，譬如：「喜歡大熱天的人都瘋了」、「如果你不使用備忘記事本，你就是個笨蛋」。別忘了，自我會利用不可更改的結論和廣泛性的類別，來確保自己站得住腳。批判性形容詞（例如：好、笨、明顯、讓人發狂），都是用來為自我打好地基，提供道德優越感，或者為一個人的行動提供正當理由。

等級三：法官、陪審團和行刑者

這個等級的人提倡報復或制裁那些不是透過他的視角去看這個世界，或者跟他的要求或期許完全對立的人。譬如：「不喜歡X的人都是白癡，應該被關起來」。

在每一個等級裡，言語增強劑都會放大這種扭曲。比方說在等級三，「不喜歡運動的人都是白癡，應該被關起來」和「不喜歡運動的人都是超級白癡，應該往他那該死的愚蠢腦袋轟一槍才對」，這兩者之間有非常大的區別。但是，這兩種說法都顯示出一個偏向支配型的人格。如果這種語言模式反覆出現，正是典型的自我共振型疾患。

至於跟它相反的順從型，其說法會比較像是「我不想跟那些非藝術愛好者有任何關係，他們都應該遠離人類」。雖然那種情緒還在，但侵略性不見了。我們已經知道，不能光靠一個句子就冒然做出評斷，但有時候，一個小小的文法細節也能讓你洞悉一切，因此必要時，我們或許會想要進一步探究。再說一次，因子的頻率、持續時間、強度和背景脈絡，可以供你區別出狀態或特質。[12]

我用一個展開性的對話來說明。珍在吃了一口甜點之後，大聲說：「這是我這輩子嚐過的最美味的蛋糕。」這種說法很誇張，但我們允許這種可能，因為它也許是事實。但如果說法是「這會是你們這輩子嚐過的最美味的蛋糕」，那就把個人看法（從定義上來說是主觀的）變成一件客觀事實，將珍移動到審判的領域裡。接著，漢娜在嚐過甜點後說：「還不錯。」由於漢娜的反應缺乏對這件「客觀事實」的熱情和贊同，使得珍很不高興：「你不知道你在說什麼！」珍無法承認自己的味蕾可能無法代表所有人的味蕾，這就出問題了。而且，要是她認定漢娜不只錯了，還因為意見跟她不同，肯定是個壞人，那就更有問題了。

我們都有權表達自己的好惡，而且可能以為別人也跟我們有一樣的看法。但越是心理不健康的人，越需要別人採納他的世界觀。[13] 在珍的案例裡，幾乎沒有灰色地帶可供截然不同的想法和信念共存，因為它們的存在對她的價值觀和信念系統（亦即她敘事身分的DNA）來說是威脅。無論她堅持什麼是真的，那都代表了她的身分，所以她必須不計代價地保護。[14] 如果你不喜歡她喜歡的東西，就表示你不喜歡她。如果你不像她那樣相信，那麼，在她以自我為中心的情況下，任何人只要是錯的就不該存在，而那個人絕對不會是她。

讓我們更深入地探索她的心理。

每個畫面都繪出一則故事

有人在餐廳用餐時，發現服務生的態度不太友善。如果他的視角比較健康，就不會認為對方是針對自己，反而會推測服務生今天可能過得不順或者生活艱苦。用餐者的焦點是放在這個服務生的煩惱上，而不是自己身上。但別忘了，情緒上痛苦的人永遠只想到自己。他的自我會卡住其視角，使他沒辦法跳開並透過別人的視角去看。

以下看法是以用餐者情緒狀態的等級遞減序列來呈現，而且如果這個情緒是某種模式的一部分，便可以用它來說明當事者整體情緒的健康性：

1、這個服務生很沒禮貌。

2、這裡所有的服務生都很沒禮貌。

3、服務業裡的人沒有一個是有禮貌的。
4、這個國家的問題就出在沒禮貌的人身上。
5、沒禮貌的人應該被槍斃。

對於向來會把自己的情緒表達出來的人而言（就像第五種回應），這種痛苦是難以忍受的。公開的蔑視或否定會直接切入他們的核心，因為它被內化成一種「失連結」（disconnection）的狀態，始終在提醒他們，自己一點價值也沒有。

我們的每種境遇都像是一本空白的書，直到我們用自己的想法寫出裡頭的劇本。比方說，某人對我們很無禮，這其實不代表什麼。這個人的言詞或行為使我們覺得自己不好（或者不覺得不好），純粹是因為我們的自我形象。但對方的看法真的跟我們的自我價值有關嗎？一點關係也沒有。但這正是自我會做的事，它會讓所有事情都跟我們有關。

我們越是有自尊，就越是不會被冒犯。當我們很愛自己時，(a)我們不會認定某人的行動就是代表他不尊重我們，還有(b)就算我們真的做出這樣的結論，也不會情緒不穩定，因為我們不需要靠他們的愛或尊重，來感受自己的價值。我們不覺得痛苦，因為我們不害怕失連結的狀態。我們沒有受到傷害，所以能自由地辨識出對方行為背後的根本原因，那就是他們的無能感和不安全感。

當自尊削弱時，自我就會開始出手，於是我們變得對可能傷害我們的任何人或任何事都高度提防。而在任何質疑我們的價值的情境下，我們會始終保持警戒，擔心自己不被愛和不討人喜歡。但這不光是警戒而已。當自我也加入時，意味著我們會主動專注在負面事情上。無可避免的，我們得出的結論是，所有負面經驗都來自於自身的缺陷。我們做出的這個結論，無法緩和我們的不安全感和脆弱性，反而會填飽它們。我們一直在尋求自己不值得被愛和被尊重的信號。如果找不到這些信號，也可能說服自己去相信已經找到了，就算是善意的批評或機遇也一樣，因為如此一來，這個詮釋才能符合我們的敘事。

我們會把別人行為上的點點滴滴全都串連起來，以證實我們的恐懼：我是沒有價值的。這時，憤怒進來了。自我價值的缺乏會引發比較誇張的反應，或者一種自覺不受尊重或不被愛的處境。透過自我所呈現出來的世界，是我們心理上唯一的滋養來源。而當我們覺得自己沒有得到所渴望的尊重時，憤怒和認知扭曲就會現身來捍衛我們的脆弱。

自尊和自我是逆相關的。在我們飽受低自尊之苦到某種程度時，自我就會膨脹，然後我們的視角就會變窄，這就像翹翹板一樣，其中一端升起來，另一端就下降。對一個人的情緒健康，我們可以靠觀察他們的視角和自尊，來做出明智的判斷。在下一章裡，我們會看到真正的自尊看起來是什麼樣子，還有為什麼很容易將它跟自信和逞強搞混。

第16章·自尊的心理學

人們通常會把「自尊」和「自信」搞混，但這兩者相當不同，一定要區分清楚。自信指的是我們在某個特定領域或情境裡覺得自己很厲害，而自尊則是認定我們是被愛和討人喜歡的，覺得自己值得擁有生活裡的各種美好。

一個情緒健康的人可能自我感覺良好（有自尊），但並不確定自己在某些情境下能否勝任（對自己的技能沒有自信）。比方說，高度自尊的人可能是個棋藝很差的棋手，但她還是很喜歡自己。她在跟高手下棋時，會表現出自信不足的樣子，但她的整體自我價值感還是不受影響。

當然，那種藉由特別強調某個特質來企圖強化自我形象的人，在外行人來看，好像自尊很高，但其實飽受低自尊之苦，因為他是單靠一種天賦或某項養成的技能，來建立起整個身分。「我很重要，因為我很漂亮；我很有價值，因為我很聰明。」這種角度所呈現出來的價值，是以自我為中心的心態，而這種心態會逼著他去對抗其他人，不斷地比較、批判和指責，只為了感受到自己是值得被愛和來往的。

一個人自我的膨脹，並非來自於極高程度的自尊，而是來自於自我厭惡。[1] 不要落入陷阱，以為自我膨脹的人都很喜歡自己。自我和自尊是逆相關的。無論一個人看起來有多滿意自己，如果他以自我為中心，那麼其實他是飽受自卑感之苦的。

心裡有鬼

自我（ego）是假的自己（false self），它的存在只是為了彌補罪惡感或自卑感，也就是我們無法去愛和接受自己的地方。傲慢是自我的彰顯，它會助長出態度、信念和價值觀，用它們來撐起一個搖搖欲墜的自我形象。它是低自尊的證明。

傲慢的人從來不覺得完整和圓滿。他對情緒化上癮，靠別人來餵養他脆弱的自我；他屈服於自己的衝動，無法克制。我們很容易誤以為謙遜是弱點，但其實謙遜代表的是力量和一種高層次的自尊。[2] 虛懷若谷的人是滿足的。[3] 謙遜能讓我們有自我控制（self-control）的能力。要獲得自尊（亦即心理健康的關鍵鑰匙），唯一的前提就是我們要有能力做出負責任的選擇，不會只執著於自己想做的事，而不在乎這個選擇在別人眼裡看起來如何。

傲慢的人在表面上看起來好像背後有很強的自尊，以至於他一無所懼，但其實他是被一個更大的恐懼所驅動，於是眼前的恐懼反而相形見絀。這個人還是很害怕X（例如：看起來很笨、被拒絕、失敗），但是他對Y（例如：貧窮、不夠有名，或任何會害他覺得自己徹底失敗的東西）的深層恐懼，逼得他得無視於眼前的恐懼，進而做出行動。[4]

這種人格類型表現出一種自信、拒絕服從，以及自以為是的態度，只是他的表象行為並沒有透露出自我真正脆弱的地方，也就是：他需要別人的認可和尊重。假設這個人希望累積大筆的財富，很可能會對別人為所欲為，根本不在乎自己有沒有留給別人好印象。但他那以自我為主的驅動力，終究只是一種社交式的追求，會讓他永遠處於缺乏的狀態下，因為他是靠別人來肯定他的成功。就像「金玉其外，敗絮其內」的情況，不管他有多成功，永遠都不會感到滿足。

很愛自己的自戀者迷思

大家都以為自戀主義是因為自尊過頭的結果。雖然自戀主義通常被界定為極端的利己主義，但事實上它源自於極端的自我厭惡。希臘之神納西瑟斯（Narcissus）是narcissism（自戀主義）這個字的出處，它的定義是對自己和自己的外貌體態異常依戀，或者異常地在乎公眾對自己的觀感。在希臘神話裡，納西瑟斯是以美貌著稱的獵人。他的現代同類（自戀者）專注的是外形和那個假「我」，而眾所皆知，這不只說出了他們的心態，也讓人看出了他們的心理健康狀態。

有一項針對自戀主義的語言標記所做的分析，點出了這種病症的源頭，並描繪了它的特質。跟自戀主義關聯性最強的其中一點，就是喜歡使用髒話。[5] 這是源於一種對體格特徵和性徵的過度聚焦；畢竟髒話總是涉及到身體部位、身體功能或身體動作。再重申一次，頻率、持續時間、強度和背景脈絡，必須被考量在內。如果這種低俗的語言是偶爾才出現，或者跟背景脈絡緊密相關，就幾乎不帶有自戀主義的色彩，只是對挫折的一種粗魯表達。這是因為不成熟嗎？對。是病態嗎？不是。

大家普遍相信，自戀主義就像是在面對逆境時的情緒韌性儲存庫，這個說法顯然是錯的。研究結果得出了相反的結論：自戀者對於情緒上的痛苦（戰鬥—逃跑—僵住反應的觸發），以及特別容易受到日常挫折影響的壓力反應系統，都會有很大程度的生理反應。[6]「皮質醇」和「α—澱粉酶」這兩種跟壓力有關的生物標記，在自戀者身上的分泌量都頗為可觀。[7]白話的意思是：他們的沸點比較低。雖然他們很容易不高興，但偽裝可能相當出色，而且會不同程度地壓抑住自己的恐懼和不安全感。

自戀者不常使用跟焦慮或恐懼有關的語言（例如：害怕、心煩意亂和恐怖），[8]也不常使用試探性語言（例如：也許、大概、希望、或許和猜想）。[9]再一次，當我們弄懂了心理學，邏輯推理就會浮現。他們的語言所投射出來的力量，是為了彌補缺點。[10]自我形象搖搖欲墜的人，都具有一種能投射出自信的語言輪廓，用明確性語言來掩飾那令人無法忍受的脆弱和不安全感。[11]因此，可想而知，高度焦慮者的信念系統裡，包含了過度的廣義化、強硬頑固、信念的孤立、堅信自己的誠實性。[12]

如果我沒辦法連結，就會去控制連結

對情緒（或生理）自己（self）的威脅要是越大，就會令我們越感到害怕。自我告訴我們，我們沒有受到保護，身處危險。隨著自我（ego）的膨脹，我們越來越認同自我，開始相信它是真正的「我」（I），必須不惜代價地保護。於是，對「失連結」的恐懼就成了一種存亡威脅。我們的性命危在旦夕。

控制是連結的替代品。當我們缺乏自尊到某種程度時，自我就會現身控制。它有兩個目標：躲開脆弱，但脆弱對連結來說是必要的條件（於是連結變得不可行）；另外就是透過控制來強迫連結（但一樣無以為繼）。[13] 而自尊和自我控制是這樣交織糾纏的：自我控制會透過自尊和一個縮小的自我，產生實際連結的能力，以及一種真正的自主感（sense of autonomy），而這種自主感正是連結所需要的。如果沒有自由獨立的自己（self），便無法與其他任何人建立連結。

當我們的自尊退位時，我們的施與授能力會受到限制，於是自我現身，進入「占取模式」。我們的自我控制能力越低，就越是拚命地想要操縱周遭的人事物，尤其是跟我們最親近的人；我們不是公然操縱，就是被動攻擊式的操縱。低度自尊會無意識地引發一種強烈的欲望，讓人想去奪取權威、跨過界線和欺負那些關心我們的人。當我們不喜歡真正的自己時，就會忍不住對自己生氣，然後把氣出在周遭的世界，以及那些最在乎我們的人身上。

遊戲、面具和藏身地點

到了無法再脆弱下去的程度時，我們就會設法控制敘事內容。我們曾透過自己的生活和各種互動，來邊說邊推銷「我們是誰」的這個故事，以及我們的存在理由，而且必須對各種事件做出盤算和詮釋，以彌補那些被人察覺到或真正的過錯與瑕疵。[14]一個人所戴的面具，與其說是偽裝，不如說是自畫像。曾經提出自卑情結（inferiority complex）的知名心理學家阿爾弗雷德·阿德勒，他的解釋是，那種想要彌補不安全感的心理，通常會形塑出我們的整個生活。我們甚至可能不太瞭解我們是如何設計出自己的態度和行為，但其實就是我們的價值觀和信念設計出來的，目的是為了逃避自我反省、彌補自我憎恨，並投射出一個不會悖離這兩者的形象。

我們隱藏起真正的自己（self），以策安全。因為，表裡如一地做最真實的自己，會使我們脆弱，將我們暴露在被排斥的風險裡。[15] 這種苦惱所帶來的恐懼，會驅使真正的「我」（I）藏匿得更深，直到我們的存在純粹只是為了保護自己的形象，這包括我們玩的所有遊戲和所戴的面具，目的無非是要給世人一個我們自認「正確」的人物設定，而這個設定會使我們值得被愛。自我（ego）下達命令，要我們不計一切代價地逃避被人排斥的感覺，也就是那種「自覺不如人」所帶來的痛苦。

雖然自我價值感的低落（以及隨之而來的脆弱性），會逼迫我們藏匿起來，但我們不會藏在同一個地方。順從型的人會變得幾乎隱形，消失在人們的視線裡，他們拚命扭曲真實的自己，企圖獲取和維繫與人的連結，卻是徒勞。為了避開衝突和不讓自己受到排斥，不管得變成什麼樣的人才能達到這個目的，他們都願意。他們內心的想法是：「如果我能滿足你的任何要求，你就必須愛我。」他們需要被人接受，於是其身分總是受制於這樣的需求。他們成了強人的討好者。他們會融入背景，在情緒上缺席，「不製造任何波瀾」，避開失去連結的可能風險。他們始終表現友好。這種人格類型很容易出現情感疾患。

支配型的人會走到聚光燈下，藏匿在光天化日裡。[16] 他們追求金錢、權勢、名氣，也就是價值感的幻覺，如此一來，他們才能變得很重要，理當得到連結，不過，他們是迫於無奈地接受恐懼和敬畏，確保別人都是遠遠地崇拜他。他們會變得武斷和挑釁，想要控制一切，這樣一來自己才不會受到控制；他們會挑戰別人的底線，強行進入，讓關係變得名正言順，達到連結的目的。這裡再重申一次，所有這一切都是愛和接納的替代品。[17]這種人格類型很容易出現人格疾患。

以上兩種極端類型，都可能選擇孤立，他們會實質缺席，目的是為了維繫控制的錯覺和避免完全受到排斥。他們主動斷開連結，以躲避對失去連結的恐懼。如果他們不依賴，就絕對不會脆弱，也不會暴露在被人傷害的險境裡。他們的生活充滿孤立和絕望。對於任何類型的遵守或施壓，無論是時間、進度表，有時甚至是社交禮儀，他們都會嗤之以鼻。

各種人格疾患間的共通性，會大過於彼此的差異性。雖然一個人的人格會支配他如何處理脆弱和不安的感覺，但以自我為中心的那個本質仍在。就像冰、水和蒸氣的分子一樣，只是狀態不同，而這些疾患也是在同樣的結構下所呈現出來的不同狀態。無論有多不適應環境，患有人格疾患的人還是渴望連結。當一個人在潛在自卑感的驅動下，相信自己不配擁有人際關係的話，自我就會現身控制，企圖把連結建立起來。[18]

患有自戀型人格疾患的人，會尋求金錢、權力和地位，靠它們來告訴自己，他是很重要的，值得連結。邊緣性人格疾患會表現得時刻需要他人的安慰。由於他對遺棄有很深的恐懼，因此變得很黏人，一心想要融入別人的生活，甚至達到病態的地步，目的只是為了維繫連結。如果他感覺到對方正在抽身，也可能在盛怒之下切斷連結，目的若不是引發痛苦，就是逃避痛苦。做作型人格疾患會採用的手段，跟自戀型的同路人很類似，譬如博得關注、同情、憐憫，或甚至是憤怒和嫌惡。如果他們吸引到你的注意，就得到了他們所渴望的連結。

我們全都有自我，也或多或少都有些異常。但是，隨著自我變得越來越苛求，就越來越可能發展出人格疾患。誠如我們所見，如果你知道該去留意什麼，就能輕易察覺到那些疾患，除非是最危險的那一種：社會病態性格（sociopath）。

第17章・脫去人格疾患的假面具

社會病態性格（sociopath）和心理病態性格（psychopath）通常會互換使用，部分原因是它們的源頭、徵兆和症狀，在神經病學領域裡缺乏共識。不過，很明顯的一點是，心理病態性格的自主神經系統（內含交感神經系統，以及戰鬥—逃跑—僵住反應），有不一樣的內部線路。相反的，社會病態性格這種疾病，雖然可能有基因成分牽涉其中，但普遍被認定是制約下的產物。社會病態性格不是天生如此，而是慢慢演變成現在的樣子。這兩種病態性格在臨床上都被分類成反社會人格疾患，但基於各種理由，本書會使用「社會病態性格」來泛指這兩種類型。[1]

社會病態性格不是精神異常者。他們能夠分辨是非，只是完全不在乎。[2] 社會病態性格者認為，符合自己利益的事情才是對的，而且相信自己的行動都能被徹底地正當化，因此，對於誰受到委屈和傷害，是完全不會自責的。他們透過那無所不能的自我透鏡去看現實世界。其他人都是客體，是物件。他們不會活在別人的意見裡。每個人和每件事都是無關緊要的。社會病態性格者在行動上並不會焦慮，因為他們不怕失去連結。他們追求的是主宰和控制，而且沒有把它們當成連結的一種手段，而是目的本身。

對很多人來說，要看出一個人有社會病態性格，第一步是最困難的：你得先接受「這個世上確實有人是沒有良知的」。要你相信有這種人混在我們當中，的確令人不寒而慄，可是忽視這種人的存在是很危險的。

找出各種隱匿的跡象

不是所有社會病態性格者都懂得約束自己，有些人缺乏衝動控制，有許多上癮和自我破壞的行為及習慣。最危險的是那種會延遲享樂，懂得從長計議的人，因為他們很小心翼翼，很圓滑。世故老練的社會病態性格者，通常會留給他人特別好的第一印象，看上去似乎很溫暖、懂得設身處地，甚至感覺沒有私心。在《心智健全的面具》

（*The Mask Of Sanity*）裡，哈維．克雷克利博士（Dr. Harvey Cleckley）寫道，一個社會病態性格者對外的表現，完全不讓人覺得「冷淡或詭異」，「跟他有關的所有事情似乎都暗示著一些可取和優越的人性特質，心理素質很高」。[3] 社會病態性格的診斷性特徵眾所皆知，譬如流於表面的魅力、不會自責和缺乏羞恥心、無法克制的連篇謊言、善於操縱的行為、濫交行為。但它們被隱藏得很好，直到一切為時已晚。

社會病態性格者的人格都被小心雕琢過，所以很吸引人、很迷人，其目的是要強化信任關係，以便日後操控。由於他們無法建立真正的連結，於是變成人際關係技巧的大師，不管需要什麼面具，他們都會戴上，不管當下需要玩什麼心機，他們也都奉陪，目的就是要取悅和迷住眾多觀眾或單一觀眾。

過度吹噓

這種人沒有罪惡感，也沒有羞恥心。雖然他們不喜歡被逮、失去控制或被曝光等下場，卻往往相信自己所說的一切，或者認為自己這麼說都是有正當的理由，就算是謊話也一樣。因此，即便使用測謊機，也很難在社會病態性格者身上偵測到說謊時所出現的生理反應。他們的戰鬥—逃跑—僵住反應呈離線狀態。[4] 如果他們不覺得緊張，血壓、脈博或皮電反應（試想冒汗的手掌）是不會上升的。但是，有些地方會讓社會病態性格者露出破綻。

一個社會病態性格者會把他們所打造的印象經營得微妙微肖，原因是他們本來就沒有真正的自我感覺（sense of self）。他們每天都戴上一張面具，所以面具越戴越多。譬如，當他們撒謊時，聽起來就像是一個誇張版的老實人，而不是貨真價值的老實人。別忘了，你不必非得推銷真相。一個社會病態性格者的話術，聽起來會像一張壞掉的唱片，在爭辯或解釋時，重點都擺在過度吹噓又冗長的措辭，以及陳腔濫調的表達方式，再加上一些老生常談（參見第七章）。

因為這個人一直都在演練如何作秀給別人看，如何呈現某種形象，所以是在演出一個再完美不過的誠懇人士。不過可想而知，他們演得過頭了，以至於弄巧成拙。拿目光接觸為例子，由於我們都知道撒謊的人會別開目光，因此社會病態性格者為了向你證明他們有多誠懇，會一直跟你保持目光接觸。緊盯的程度超出了正常人的上限，令人感到很不自在，甚至盯到你都覺得不好意思了。這種人的目光非常銳利，盯著對方眼睛看的時間，比一個誠懇表達自我的情緒健康者來得長多了。

另一個破綻是他們會假裝脆弱。他們可能會表現得「非常謙遜」，讓自己看起來好似很溫順、不愛出風頭。這時，技巧不夠老練的觀察者可能會以為這是卸下面具的社會病態性格者，但其實這是他們的另一張面具。[5]真正的謙遜是連結的有力工具，原因如下：有個人大步走進屋子裡，頭抬得很高，略帶笑意，挺胸，帶著自信。這算是萬人迷嗎？不算吧。無論是短暫的互動或長期的關係，如果這個人從來只想到自己，就不可能跟其他人產生連結。這也是為什麼我們討厭傲慢的人，喜歡虛心受教的人。說到個人魅力的提升，有一個著名的建議是要你盡可能地讓自己看起來很有自信，令人一眼就印象深刻。但這種傳統建議並不正確。少了謙遜的自信就等於傲慢，是令人倒胃口的。沒有人喜歡一個目空一切的人，而社會病態性格者深知這一點。人類天生就是會受到謙遜的吸引，而謙遜是真正自尊的標記所在。

較高的自尊⬇縮小的自我⬇謙遜⬇連結（connection）

較低的自尊⬇膨脹的自我⬇傲慢⬇失連結（disconnection）

承認自己會犯錯，這證明了你的誠懇和信任，而這兩個特質可以為人與人之間的連結加溫。同樣的，社會病態性格者會在這方面因為演得太過頭而露餡。他們就是抓不準印象經營裡的那個適中點，所以就像一個演員，很努力地想弄清楚要如何呈現一個迷人又令人感興趣的角色。他們可能溫馴地站著，刻意表現出一點不安全感，或者對你展現出過度誇張的興趣、過度的順從，或者過度的尊敬。對我們的自我來說，這一切可能令你陶醉其中，但別忘了第九章曾提過，奉承會輕易地蒙蔽我們的判斷力。[6]

圓滑的社會病態性格者會表現出對有人情味的事情（譬如一些志業或道德上的追求）都很熱愛的樣子，藉此取悅他人。[7]這個優質角色被他演得淋漓盡致。但同樣的，他的致命缺點就在於過度吹噓但兌現不足。當他覺得沒有人在注意自己的時候，絕對不會去兌現所說過的話。如果你小心留意，就會發現他說的是一套，做的是另一套。

以上的跡象可能很有幫助，但也不見得是絕對的。若要說情緒健康和個性誠懇的人絕對不會在目光接觸上太過頭，或者絕對不會賣力地說服你去相信他們由衷相信的事情，那倒也不見得。當然，謙遜和假謙遜所呈現的各種跡象表徵，也很容易被混為一談和搞混。

一窺面具的背後

社會病態性格者會迴避那些可能令他無法克制情緒的情境或話題，尤其是恐懼的情緒。在對話中，童年困境或單相思這類話題，會被他省略不提。要是主題無預警地踩到他的地雷，他可能會出現突兀的情緒反應（譬如在談到小時候餓肚子和無家可歸的境遇時，竟然咯咯笑個不停），這是一種已無退路的自我防衛機制。對比之下，一般人可能會拿幽默來當防衛機制，至於態度客觀的人則會以揶揄的方式來評論自己悲慘的童年。誠如馬克・吐溫（Mark Twain）曾打趣道：「喜劇是悲劇加上時間。」

由於社會病態性格者必須覺得自己是萬能的（跟依賴的本性形成對比），所以鮮少提到他自己的情緒需求或社會需求。但是，他們會大談特談對金錢、權力和控制的欲望，以及生物性的需要，譬如食物和衣服。

社會病態性格者會在他們的活動天地，以及控制欲可被滿足的地方，戴上一層面具，讓你無法捉摸和透視。他們的行動和互動，完全不會洩露出真正的自己。但是，當你踩到他們的地雷，看到的不會是拿捏過分寸的反應，而是最真實的反應，於是得以一窺那張面具背後的真正面目。於是，我們就能觀察到，他們如何在失控的情境下，橫渡那片漏洞百出的水域。

束手無策

社會病態性格者，或者帶有社會病態特徵的另一種人格疾患之患者，都知道要如何在一段人際關係裡按下正確的心理按鈕來獲得控制權。在獲得對方一定的順從度之後，他們就會設法暗中破壞對方的情緒穩定性。這就是為什麼他們都喜歡讓人難以捉摸（多數的人格疾患之患者都有這個共通點）。有時候他們的行為（譬如忽冷忽熱）正是源於這種特殊的異常性格，但也可能是他們的手段。[8]

你越是慌亂，他們就越掌控一切。他們的目的是暗中破壞你的安全感，包括你自己的安全感，以及你跟對方在感情關係上的安全感。他們想要讓你覺得很沒把握又很不牢靠。他們知道你越是沒有把握，就越是願意容忍他們（整體的容忍），或者依從他們當下的要求。這是因為我們對連結的需求仍在，我們越是害怕失去這個連結，他們就越能支配我們。你想感覺被接納、有安全感、有保障，而這些鑰匙都在他們的口袋裡。

他們的姿態可能咄咄逼人，或者放聲尖叫卻一句話也不說，關閉溝通管道。他們會施加痛苦。你會害怕他們的失聯，因為他們會用音訊全無來攻擊你的不安全感。儘管這聽起來好像有些矛盾，但是我們的屈服讓步會帶來一種一切都在控制下的錯覺。當我們允許自己被控制時，整個局勢和對方的行為就會循著一種似曾相識的軌跡，來確保最後的結果不出他所料。「接下來會發生什麼事？」這個念頭太嚇人，自我必須採取阻力最小的那條路徑，來避開最大的災難，也就是「未知」。

全面戰爭

當社會病態性格者覺得自己正在失去對你的控制權時，最可怕的傾向就會快速浮現出來。當他們發現你不再「服從」時，就會進入全面攻擊的模式。他們不再假裝彬彬有禮，而是鋪天蓋地地指控你，向任何一個肯聽他們說話的人（朋友、鄰居、同事）指控有關你的一切。他們會利用自己與生俱來的口才，編造出有關你和你的過錯等奇奇怪怪的故事。他們會捏造事實來詆毀你的名譽。他們會在民意法庭上獲勝，讓大家都討厭你，透過別人來攻擊你。

他們太急著讓你得到輿論的制裁，因為對他們而言，這場遊戲的名稱叫做「權力」。你越是被他們弄得緊張不安，他們就越覺得自己大權在握。在法庭上，他們提出多到數不清的動議，並提出各種沒有根據的要求，目的是要削弱你的實力。衝突會令他們精力百倍。調解或仲裁只是浪費時間，因為他們對講道理一點興趣也沒有，就算是一點點的道理他們也不聽。他們不肯讓步，而這麼做的目的可能只是一種戰術，也就是企圖爭取更多時間，好在情緒上、生理上和財務上榨乾你。

無論是人格問題還是伴隨而來的人格疾患，我們的情緒健康都跟所擁有的人際關係密不可分。研究證實了我們已知的真相：有無能力建立和維繫良好的人際關係，是我們心理健康的核心關鍵。[9] 在人際關係的領域裡，每個人都不免會洩露出自己，連社會病態性格者也不例外。所以，你會在為時已晚之前，看到很多值得留意的地方。

第18章・人際關係的如實反映

在我們認識的人裡，情緒健康者大多都很享受正面的人際關係。相反的，那些看起來不太能跟任何人相處的人，都有一堆情緒問題。生活裡眾多的不愉快，都是源自於對生活的無能為力或失敗的人際關係，因為情緒健康是靠人際關係的品質在滋養，也同時能反過來促進人際關係的品質。著名心理學家和現實療法創辦人威廉・葛拉瑟寫道：

> 從在精神病學裡執業四十年的行醫者角度來看，有一點越來越明顯，那就是所有不快樂的人都有同樣的問題：他們無法跟想要好好相處的人好好相處。[1]

讓別人進入我們的情緒空間，還有讓自己進入他們的情緒空間，這都需要「我」

（I）這個元素的減少。當「我是我，他是他」這道牆被打破時，便有了連結，有了結合。若要成為某人生命中的一部分，就得先打造空間給對方才行。如果一個人只想到自己，自然不會預留空間給別人。我們的愛人和被愛能力，就算沒有被完全切斷，也會因此綳得很緊。[2]

那些情緒上痛苦的人，會變得只想到自己。這很類似身體上的疼痛，譬如牙痛的人很難去考慮別人需要什麼。以自我為中心的思想狀態，其典型特徵就是傲慢與逞強。就算是那種似乎沒有自我的順從型人格，也是自私和以自己為中心的。他被自己的痛苦折磨，總是自艾自憐，無法感受到別人的痛苦，一心沉浸在自己的痛苦裡。[3] 儘管這種人好似品德高尚，但仍無法感受到與自身以外的其他人的連結。他不會（也沒有辦法）再加重自己的負擔，除非他有得到以接納或稱許為形式的更大報酬。他的「索取」會偽裝成「給予」；他的「恐懼」會假裝是「愛」。（其動機可能是他需要減輕罪惡感或不足的感覺，但最後目標還是為了緩解自己的痛苦，而不是別人的。）

我們的自尊越高，就越是完整。畢竟「接受」是「給予」的一種自然的互惠結果。「給予」和「接受」的循環，會是完美的結合。事實上，已經有研究證實，當一個人給予的時候，大腦的某些領域會變得很活躍。「給予」確實會刺激大腦。[4] 但是當我們只索求的時候，就會感到空洞，於是被迫一而再再而三地設法讓自己感到完整，但卻是徒勞的。經常性的索求只會強化我們的依賴性，不斷消磨我們和他人。

每一種正面情緒都源自於「給予」，而且會從我們身上往外流到別人身上。至於負面情緒則是繞著「索求」在循環。不要把貪欲跟愛搞混了。當我們渴求某人或某件事物時，我們思索的角度都是他們（或它）能為我們做什麼。但是當我們愛的時候，思緒會沉浸在「我們可以給別人什麼」的這件事情上。「給予」使我們感覺良好，於是我們在給予的時候會很開心。但是當我們有貪欲時，會只想要索求。當我們所愛的人承受痛苦時，我們也會覺得痛苦。但當我們渴求的人承受痛苦時，我們只會想到這讓我們損失什麼，或者會對我們造成什麼樣的不便。

消除偽陽性

在瞭解這麼多的心理層面之後，你可能比較容易從對方的說話和行為方式偵測出低度的自尊。但是，搞錯的可能性還是很大。譬如，有人是為了討人喜歡而給予，這種人在乍看之下會跟一個因為給予是好事而去做的人，或者一個純粹想要給予而給予的人搞混。雖然行為是一樣，但會因為意圖的不同，而造成兩種不同的情緒印記。捐獻跟搶劫是截然不同的。這兩種都是金錢從一個人手中移到另一個人手中，但是其中一個是授權，另一個是剝削。也因此，其中一種行為會提升自尊，另一種則是情緒上的枯竭。如果你是基於恐懼或罪惡感才給予，你的自尊不會提高，只會縮小。你不是真正地給予，而是對方正在索求。你正在被占便宜，而且是在你的同意下。

假設你留意到有人習慣性地默許實現別人的願望。那是因為他真的希望能夠幫上忙？還是因為他不敢拒絕，或者他覺得自己不配坦白說出自己的感受？只觀察對方的謙和行為，無法分辨這個人是謙遜、擁有高度自尊，還是他本來就逆來順受。[5]同樣的，我們不能直接假定一個為了講和而讓步的人，就一定有很低的自尊且必須避開衝突，或是他知道事情的輕重緩急，於是叫自我不要擋路。另一方面，堅持自己的立場可能意味著固執和反抗，這代表極端傲慢（我從來沒有錯，都是別人的錯），這也是低自尊造成的。但是，也許這種不肯默然接受的態度，意味的是當事者選擇堅守適當的底線，不讓自己受到另一個人的操控，不讓對方企圖玩弄他的情緒。

謙遜的特質（自尊的種子）如何轉化成可觀察的信號？尤其這種行為可能會跟另

一種完全相反的行為搞混，令人難以分辨？

人際關係的印象

以下圖像有留白的空間。如果你把焦點放在白色部分，就會看到一只花瓶；放在黑色部分，就會看到兩個人面對面。每一個空間，不管有沒有留白，都界定了另一個空間。

自尊是一個人際關係的如實反映，它表現在三個領域裡：他的經歷和模式、他的互動和交流，以及他的界限範圍。

經歷和模式

俗話說：「從自己的錯誤中學習經驗的能力，叫做智商。從別人的錯誤中學習經驗的能力，叫做智慧。」你要觀察對方的人際關係品質，以及他如何談論身邊的人，包括過去和現在。他有幾個交了多年的好友？還是只有幾段短暫和稍縱即逝的友誼？他是怎麼談論家人、手足和父母的？對於任何一段已經走味的關係，他會覺得是自己必須負起部分責任嗎？還是這些關係全都化為泡影，令他極度失望和憎恨？

提醒你：一定要讓證據說話，不要光聽對方的主觀描述。有些人跟全世界都很好，很愛每一個人，結果誤以為大家也都愛他。這種人對別人如何看待他們，會有浮誇和錯誤的認知。

在職場上，最適合拿來問求職者的問題，就是用開放式的問法，請教他有關上一份工作、上一個老闆和前同事的事情：「可以跟我說一下，你在XYZ公司裡的工作情況嗎？」或者「說一下你跟那裡的同事相處得如何？」然後留意對方是怎麼談論上一份工作，注意聽他們的措辭，譬如：「那裡都沒有人瞭解我」、「他們從來不認真看待我的想法」、「老闆就是愛找我麻煩」、「我跟主管有私人恩怨」。**你要找的人，是一**

個可以為自己的成就和人際互動關係擔起責任的人。這並不表示他不能有自己的感受和一點點的怨恨，但如果對方沒有足夠的情緒智商（EQ）去意識到自己留給他人的印象是懷恨、敵意或惡毒，這本身就是一個警訊。為了偵測出這一點，你務必留意任何大膽冒失、不夠具體或過度籠統地表明自己總是受挫的說法，譬如：「那裡的人都只想到自己」、「你不會相信那裡有多亂」、「那裡的人都不喜歡為我們的經理效力」。他的看法令人擔憂，而他的缺乏判斷力則更令人擔憂。

互動與交流

缺乏自尊的人為了滿足自己的欲望，可能沉迷於某些事物上，但不會對別人特別好。又或者他可能過度迎合他人，渴望對方的認同與尊重，於是毫不在乎自己需要的是什麼。只有真正懂得自我尊重的人，才會對自己好，也對別人好。我所謂的好，並不是指他只會短線地滿足自己和別人，而是會投資他的長期幸福，對別人親切和善；他會這麼做，不是為了要讓別人喜歡他，而是因為這麼做是對的。

在這裡，我們特別感興趣的是他如何對待那些「他不必示好的人」或「他沒有必要留下好印象的人」，譬如服務生、接待員或門房。你要留意他是如何對待那些不管他的行為有多惡劣，也不太可能會轉身離開他的人，譬如員工和倚賴他的家人。

要提防人格反覆無常的雙面人。他可能對我們很好，卻對別人很沒禮貌。當然，若是他對我們很不好，卻對別人很好，我們一定察覺得出這中間有鬼。但是，前者也值得擔心，因為這代表他在面對我們的時候，會為了自己的利益而調整行為。他對我們所展現的行為，無法反映出他真正的自己。

一個會尊重自己的人，他會去尊重別人，為人也是正直的。無論是如期赴約還是幫忙有難的朋友，他都會忠於自己所做出的承諾嗎？還是總是有什麼事妨礙他實現承諾？他是一個說到做到的人嗎？他能被信任嗎？當他借了東西，會準時地將東西完好如初地奉還嗎？還是你得經常追著他跑，要他還債或履行義務？他很在乎真相嗎？即便這個真相得讓他付出一些代價？還是他是靠說謊來美化個人目的，或者占別人便宜？[6]

界限範圍

不佳的自我形象往往會在界限範圍上出現很多破洞，因為如果一個人對自己沒有清楚的定義，就意識不到他跟別人之間該有的得體分寸。這可能表現在一個長期需要幫助的人身上，他每次都闖禍，然後要求別人援助；也會表現在一個有支配欲的人身上，他會強行進入屬於別人的個人空間。

健康的界限範圍，不是創造來禁止別人進入，而是為了界定我們的個人空間和責任意識。在人際關係裡，這個人清楚什麼是得體的行為嗎？他會對剛認識或幾乎不認識的人，做出無理的要求嗎？他相信有來有往嗎？還是他只接受而不付出？

我們應該反問自己，對方是否會尊重規定以及別人的權利？譬如，我們會說：「我在節食，不要帶蛋糕來。」結果他還是帶來了，因為他不能兩手空空地過來。他說可以幫忙修我們的電腦，就算我們告訴他不用麻煩，他還是把電腦帶走，因為他認為如果自己把電腦修好，我們就會很驚喜。這只是一種無傷大雅的自以為是嗎？可能是，也可能不是。要回答這個問題，得看這個模式是不是一直都存在，還是它其實沒有構成模式。我們從第四章裡那名老是發生意外的學員身上得知，在一個既定的動態關係裡，只要當事者的互動方式經常不吻合狀態所需，就是警訊。

侵犯界限的人會視他和你之間的關係性質，來打開心理壓力的壓力閥，煽動潛伏在我們心裡的不安全感。你越是質疑自己，就不會去質疑他。這是他的慣用伎倆之一。

人們所展現的態度，本來就必須吻合他們看待自己的方式，以及他們認為別人會看待自己的方式。試圖脅迫別人的人，可能會運用這套心理學，把友誼、家人、夥伴關係、工作的承諾、正義感這類主題加進來，因為這些都是多數人渴望被認同的部分。要是有人說「怎麼會有人不懂家人或忠誠的重要性呢」？這個提問是具有強大力量的。當人們（甚至可能是我們自己）被問到這類問題的時候，可能特別脆弱，原因是(a)我們需要把自己看成是善良和品德崇高的人，而且容易接受他人的意見，還有(b)我們對內在一致性（internal consistency）有較大的需求。為了減少這種不確定性，我們喜歡把其他人、這個世界，當然還有我們自己，視為可預測和穩定的。

操縱者的殺手鐧，就是讓你覺得如果不幫他們將會有罪惡感。他們會提醒你，你其實很壞。他們也很有說服力（因為部分的你相信他們是對的）。有關切斷連結的威脅將會引發你的恐懼，而且他們會設法再次規避你的邏輯防衛機制。你會發了狂似地想要熄滅那種灼熱的羞愧餘燼，而要熄滅它們的唯一方法就是「不要辜負對方」。基於同樣的理由，也因為害怕被排斥，有些人（也許包括你自己在內）不敢輕易地說不，而且對方也無法聽到「不」這個字，因為它會被內化成排斥，就像是強化了他們內心深處認為自己無價值的那種恐懼心理。

雖然這些行為的持續模式，代表的是一種人格疾患，但我們應該再次提醒自己，有時候就算是心理素質最健康的人，也可能訴諸於這些手段。這個人可能處在某種痛苦裡，不見得意識得到操縱這種事。但就算他的操縱是可以被意識到的，還是可能有很好的理由讓你不得不答應。這裡有個例子：假設你那上了年紀的姑姑要你去探望她，聊一聊她這幾年如何振作起來。天知道她會聊多久。這就是一種以愛之名的負疚之旅，只有家人才會這樣對你。但就算你看穿了姑姑說服你去看她的企圖是什麼，並不表示你就應該捨棄你的良知或責任。

其他界限上的侵犯還包括：

- 對不太認識的人做出不適當的評論，或者請教令人尷尬或很私人的問題，連最起碼的那種非正式的例行開場白都省略了，或者事後也不對人誠懇致歉。
- 沒察覺到社交線索，侵犯他人的個人空間。無法解讀對方對他行為的反應。譬如，他說話的音量太大，別人表現出明顯的不安信號，但他還是不懂，或者他講話的時候離對方太近。

- 剛認識不久或幾乎不認識，就性誘對方或過度賣弄風騷，或者跟人家裝熟。譬如，第一次跟一位醫師碰面，便直呼對方的名字，拍對方的肩膀；或者對方根本不認識他，就去擁抱人家。
- 耳裡聽不進別人的拒絕，死纏硬求，或者一定要別人聽他的意見。譬如，提議做某件事情，就算對方多次拒絕，也聽不進去；如果對方表明他們對某些事情很不舒服，他也一樣聽不進去；他無法接受別人的意見，一定要別人聽他的；完全不尊重別人的想法。
- 不理會社會規範和世人普遍有的界限範圍。這個人會尊重法律和秩序、結構和文明嗎？還是他根本不尊重社會規範，覺得法治不適用於他？

務必把偽陽性過濾出來。情緒健康的人會適時地求助，不會因為傲慢或不好意思（自我的一種功能）而不去求助。如果有人胸口痛，卻告訴你不用找醫師或救護車，因為他「不想勞師動眾」，這就不是健康的心理所展現出來的行為了。這種人會慷慨地將零錢丟進「零錢箱」裡，卻不知道怎麼拿裡面的零錢來救急。他可能會合應別人無止盡的需求，卻不曾開口要求別人幫他一點忙。

具有適當界限的人，有意願也有能力協助別人，前提是如果要求合理的話。同時，他也會負責地以非操縱性的態度，直接請求別人幫忙。

我們的人際關係越健全，我們就越健康，也越能夠扛起責任，朝人生目標邁進，不需要自我導向性的認同，也不會耽於盲目的及時行樂。同理，我們對生活的方向和步伐越滿意，就越不會對自己感到沮喪，對別人也越有耐心、越能包容。但如果我們越對自己投降，就越會要求這個世界必須順從我們，於是可能造成不健健的互動和人際關係。不過，誠如我在書中所提到的，任何病理狀態都是由人格引發的。不是每個人都會把他們的問題變成你的問題。在下一章裡，我們將學會如何調整解讀方式，找出那些內心可能正在默默承受痛苦的人。

第19章．高潮與低谷，以及兩端之間的痛苦

視角狹窄的人，代表著一個正在縮小的世界和一個正在膨脹的「我」（I）。經常使用人稱代名詞的情況，說明了以自我為中心的經驗，因為情緒的痛苦會把一個人的注意力往內引導，所以那些飽受焦慮或憂鬱症之苦的人，使用人稱代名詞的頻率較高。[1] 此外，他們說話的方式有比較強的言語急迫性（verbal immediacy），經常使用現在式的動詞，代表視角的缺乏和心理距離。[2] 他們只要有一點點壓力，在言語上就會釋出失敗主義的味道，常使用的字詞有「不知所措」、「鋪天蓋地」或「被壓垮了」。他們的心態不是去克服，而是被制服，譬如：「我再也受不了了」、「我不行了」、「我崩潰了」。

憂鬱性自我聚焦型的可靠指標，包括對負面刺激的強調甚過於正面刺激，在心裡不斷反芻負面思緒和恐懼。[3] 就算是微不足道的事件，也會使得他們那原本就豐富的

想像力加速運作，於是被迅速增長的恐懼和焦慮消磨怠盡。他們的生活充滿「永無止盡的悲劇」，只是這些悲劇從來不曾真正發生。

聚焦式錯覺

如果當事者沒有能力擺脫那些充斥在腦袋裡令人擔憂的思緒，心情會更失速地驟降。[4]他們會把自己的苦惱帶進生活裡，想法很負面，或者對它們太過關注

提出「聚焦式錯覺」（focusing illusion）這個專有名詞的丹尼爾．康納曼曾解釋，當你在思索一件事的時候，沒有什麼比你正在想的那件事更重要。[5]大多時候，當我們重新定向自己的注意力時，那件事就失去了它的影響力。但是，如果我們的視角很窄，就做不到這一點，於是掌控不了自己的思緒，任由它們徹底耗盡。心情驟降的速度也會變本加厲。[6]我們耗在這些思緒裡的時間和精力，會抬升它們的重要性。我們的腦袋會合理地做出結論：「這一定很重要，不然為什麼我會花這麼多時間思索它？」

舉個例子，某人有好幾個工作機會，他可能會客觀地逐一評估每份工作的優缺點。

但如果有個人已經失業兩年，廚房的桌上堆滿帳單，終於好不容易有一個工作面談的機會，他的視角就會跟前面那個人不一樣，它會變窄。他的思緒會繞著這件事打轉，反覆在心裡演練那場面談，不斷思索它，沉浸在每一個細節裡，深怕自己拿不到那份工作。事實上，他預期自己拿不到。

自我會優先把思緒停留在最壞的情況下，目的是要保護它不受驚嚇。這其中的心理學是這樣的：如果有人從後面撞上你的車，你當然會感到震驚和生氣。但如果你早上就知道晚一點會發生這起意外，那麼在撞上的那一刻，你還是會不高興，但不會那麼驚訝，只體驗到一點點的恐懼，或者一點也不害怕。

你一定要明白：恐懼的存在，是因為失去控制。有件事發生了，它不單單是你不想碰到的事，也是意料之外的事。自我會想辦法控制他人和環境，調整我們的預期心理，促使我們去預期最壞的狀況，進而自動消除任何既定情境裡的驚奇元素。如此一來，我們降低了受驚嚇的程度和暫時失控的感覺，因為我們預測得到。我們是對的。完全應驗的預期心理，提供了一層被扭曲過的解脫感。

這就像是一種左右開弓的拳法。自我會聚焦在負面想法上，而注意力本身更是放大了我們聚焦的事物，使它變得更重要，意義性跟著增強，於是我們必須更關注它。

然後，我們的視角迅速變窄，情緒越來越不穩定。難怪我們的情緒會變差又起伏很大。對於那些經常碰到這類問題的人來說，自我是透過五種方法在腐蝕心態：(a)它挑出我們所聚焦的事物，(b)它讓我們所看到的一切都跟自己有關，(c)它推斷所有的負面經驗都是源於我們自身的不足，(d)它放大了我們關注的焦點，以及(e)它使我們相信，就算這不是我們所能控制的情境，我們也能想出一條出路或者弄懂不可知的事情。

悶在心裡

我們可能以為，一個飽受情感疾患之苦的人，一定會在語言裡灑滿很多負面能量的形容詞和副詞（例如：低落的、孤單的、失落的、噁心的、悲傷地、不安地）。其實這不一定。[7]感覺焦慮或悲傷的人可能會避用這些字詞，目的是要隱藏自己的真實感受，不讓別人知道。[8]他們只會適度披露一點負面情緒，以免與別人格格不入，造成自己的孤立。[9]研究發現，只有私下（譬如，私人日記、不具名的部落格和論壇），且不公開地透過文字披露負面情緒時，才是在表明當事者處於憂鬱狀態。[10]但是，正能量語言在公開論壇和私人論壇的大量使用，跟憂鬱症是呈負相關的。換言之，過濾掉負面語言比較容易，但若感受不到正面情緒，卻硬要使用樂觀和積極向上的語言，就比較困難了。

公開揭露和開放性對話，會透露出一些常被遺漏的地方。最沒有憂鬱傾向的話題和語言，不只會有很多正向情感詞語（例如：lol〔Laughing Out Loud 的略縮詞〕、哈哈、愛、想念），也會有很多跟家庭活動（例如：汽車、週末、家、家人），還有社交活動（例如：食物、今晚、狗、跑步、晚餐、天氣、週末）有關的詞語。[11]

在開放性但有所保留的溝通裡，還有另一種語言標記可能躲過意識裡的雷達：之前提過的絕對主義式語言，會比人稱代名詞或負面情緒的語言，更能偵測出情緒困擾的問題。[12] 絕對主義式語言在焦慮和憂鬱論壇裡的盛行率，相較於十九種不同的對照組論壇（大眾興趣的網站）裡，要高出五十％。至於在自殺觀念論壇，盛行率則大概高出八十％。[13] 絕對主義式的字詞，也比較能用來精準預測憂鬱傾向在未來再度發作的可能性。[14]

身－心的關聯性

雖然心理或情緒上的問題，可能都被歸類在心理健康失調的這把大傘底下，但是它們都跟生理健康有直接關係。心理疾患通常會呈現出心理（精神和情緒）與身體（生物學和生理上）的症狀。譬如，在臨床上飽受憂鬱症之苦的人，通常展現的是全身症狀，有莫名疼痛、失眠、疲憊、精神不好、腸胃毛病、胃口改變、長期的關節疼痛、體重顯著增加或減少，以及心理動作（psychomotor）的改變（譬如動作變慢，或者動作變快、變激動）。飽受情緒失調之苦的人，更容易因為各種原因而有生理上的疼痛。

如果無法健康地與人連結，情緒上（而且常常連帶生理上）的孤立就會加劇。感覺孤單或經歷寂寞，會比其他任何因素更能造成極端的壓力，全面弱化免疫系統。功能性磁振造影（fMRI）的掃瞄結果，顯示大腦有兩個用來處理生理疼痛的部位：背側前扣帶迴皮質（dorsal anterior cingulated cortex）和前腦島（anterior insula），它們會在你感到孤立的時候開始活化。[15] 這解釋了為何嚴重的憂鬱症都跟疼痛耐受力的降低有關。[16]

感覺無望和放棄希望，就會啟動自主神經系統和「垂體－腎上腺皮層系統」，損壞免疫系統，對我們的生理和身體功能造成一連串的破壞。[17] 經常性的焦慮會引發腦內啡的釋放。腦內啡是身體製造出來的體內嗎啡，可以降低疼痛發送器被大腦裡的神經元占據的數量，藉此調節疼痛。腦內啡越多，代表疼痛刺激越少。[18] 此外，反覆出現的焦慮會讓我們一直處於戰鬥－逃跑－僵住的狀態，隨之而來的皮質醇和腎上腺素濃度，都會對我們的器官和身體功能造成破壞。

司機還是乘客

經常使用人稱代名詞裡的受格「我」，代表著自我聚焦，但它不像主格「我」，因為受格「我」幾乎都是用在被動式，所以可能暗示消極的傾向或者無望或脆弱的感覺。[19] 有些人不會默默受苦。當偽裝的外表失去了光澤，痛苦就會未經過濾地滲漏出來。[20] 於是我們聽到的都是受格「我」。

被動狀態會出現在抱怨和責怪裡，因為這些行為都是自我聚焦，跟無望的感覺有關。他們可能經常抱怨，連帶釋出訊息說沒有人會想到他們，然後提出各種要求，使周遭的人備感罪惡，在責任上脫不了關係。[21] 他們告訴你，他們的痛苦是自身以外的某個人或某件事造成的（譬如，「你害我很難過」、「這些噪音害我很焦慮」）。這裡的意思並不是說，這中間並不存在任何關聯，而是當事者對自己的情緒狀態完全不負責任，這代表一種情感疾患，因為邏輯上，如果我們的感受方式是直接由一個外在因素來決定，我們也會變得焦慮，最後走到憂鬱的地步。

威廉．葛拉瑟博士寫道：「變成憂鬱或神經質的（neurotic），都是被動的。它發生在我們身上。我們是它的受害者，無法控制它。」[22] 在語言學裡，如果有個句子在語意上不正確，就會被認定不合邏輯。試想這個說法：「我朋友逼我要有藍色的眼睛。」沒有人會認定這句話是真的。但以下這句話我們就能輕易接受：「我朋友讓我很生氣。」實際上，這兩句話在語意上是相同的，根據語言學家的說法，它們在結構上都不正確。

當第一個人（也就是那位始作俑者），跟體驗到憤怒的那個人不是同一個時，這個句子就會被認定是語意上不合語法、無法接受。之所以語意上不合語法，是因為按字面來說，一個人不可能在另一個人身上創造出一種情緒，因此我們拒絕接受這種形式的句子。也就是說，這類句子顯示出來的模式是，這個人把他的情緒歸責給別人，或非他所能控制的外力上。這個動作本身不會引發這種情緒，情緒是從模式裡生出來的反應，而在這個模式裡，當事者不必為他可能控制得住的經驗負起任何責任。[23]

當我們把自己的情緒歸責給別人或無法控制的外力時，就成了這個經驗下的影響對象或作用結果，而不是原因本身。行動性（agency，對生活的掌控感）和交互性（communion，跟他人的連通感）的主題總是一再出現。別忘了，自我控制的缺乏會阻礙連結，接著自我（ego）就會現身控制他人，強迫連結。這個公式也會兜回我們的扛責能力上：自我控制會帶來自尊，縮小自我（ego），培養出與他人連結的能力，使交互性變得可能。對自己的生活感到無力，對做出正面的改變感到無助和無望，當然會與不健康的情緒不謀而合。[24]研究發現，具有自主性和交互性的個人敘事，與積極正面的情緒幸福感是有關聯的。[25]

情緒上要健康，我們就必須相信「如果我們採取X行動，就會影響Y結果」。習得的無助感（learned helplessness）是心理學家馬丁・塞里格曼（Martin Seligman）所提出的。當一個人覺得一切都不在他的掌控中，乾脆放棄好了，就會出現習得的無助感。

塞里格曼的主張是，當人們相信他們的行動無法影響結果時，就會感覺無助。[26] 伴隨而來的那種無能為力的感覺（也就是不管我們做什麼都無關緊要），會讓人得出一個逃無可逃又令人極度痛苦的結論，那就是我們一點都不重要。

很多實驗都證實，如果有人暴露在令人不快且不受自己控制的環境下，就會變得越來越內向和退縮。有個實驗是讓受試者暴露在極度吵鬧的噪音下。其中一組人只要按一下按鈕，便能阻擋噪音，另一組人則完全無法阻擋噪音。過了一陣子，兩組人被集合起來，無法控制噪音的那組人（無助的人），在被問到要不要參加球賽或遊戲時，都顯示出沒什麼興趣的樣子，也不太有求勝的動機。[27]

如果一個人的行動性被嚴重折損，他就會捨棄那個真正的「我」，讓自己陷入受害情結裡。[28] 他相信其他人都可以做決定，自己則完全受制於外在力量，無法掌控或做出改變。[29] 當事者無法將自己看成是經驗的觸發者，反而覺得受制於善變的命運之神和詭譎多變的大環境，是無情欲望或冷酷社會下的受害者。[30]

自我是一部意義製造機。當它在指揮時，會讓自己及其世界去扮演它所選擇的角色。有趣的是，它向來不讓自己去扮演英雄的角色，也不讓別人扮演惡棍的角色。比較常見的是，當事者會宣稱自己一點價值也沒有，嚴重損壞、劣質、殘缺到根本無法修復或受到指責。這種無意識且由自我驅動的策略，聰明地帶他們迴避了責任，因為他們不配擁有快樂。也因此，他們規避了被問責的痛苦和履行義務的責任。這個自我由於無法面對生活中合理的挑戰，於是會精明地變換手段，宣稱自己是命運、環境或他人暗算下的受害者。

無論那個敘事是什麼，我們都會被鎖進這些模式裡，頻繁地操縱事件，使它的發展吻合我們的預期，因為我們必須讓世界呈現出那個樣子。在情緒的優先順序上，「我們是對的」比「我們是快樂的」來得重要。我們調整全部的生活來配合自己的故事。

從精神官能症到精神錯亂

精神官能症（neurosis）和精神錯亂的差別是什麼？你可以把精神官能症想成是焦慮、沒安全感、非理性的恐懼。大多數的人或多或少都有精神官能症。有嚴重精神官能症的人，會難以調適和應對各種改變，無法發展出豐富、複雜和令人滿意的人格。明顯的精神官能症傾向，會呈現出情感疾患和人格疾患。至於精神錯亂則是跟現實世界的決裂。

我們都知道自我有很多精心製作的防衛機制，可以有效處理生活裡的大小波折。但是當創傷來襲時，當事者的個人敘事就需要進行快速和大膽地重寫。[31] 當我們無法把一個創傷性經驗整合進敘事裡時，有些東西就得放棄。有些人的憂鬱症嚴重到可能想自殺，從這個物質世界一走了之；也有些人精神錯亂，雖然仍留在物質世界裡，卻遺棄了真實的一切。

當一個人把事實扭曲到跟現實世界大相徑庭的地步，就出現了精神錯亂。他跟真實的一切失去連繫。想像一下幻覺好了。他可能聽到、聞到和感覺到一些並不真實存在的東西，也可能出現妄想，堅信一些不真實的事情，譬如他認為自己正在跟總統說話，或者比較陰暗面的，他相信自己正在跟魔鬼溝通。（也許在一些藥物的作用下，也會有同樣的幻覺。）被害型妄想是最普遍的。這表示他們會覺得自己被剝削、被騷擾、被控制，或者被跟蹤。他們可能認定自己的思維正在被播送出去讓大家聽到，也可能有思想插入（thought insertions）的感覺，認為「我的想法都不是我自己的」。[32]

雖然精神錯亂是思覺失調症（schizophrenia）的前兆，但躁鬱症患者也普遍會出現精神錯亂的問題。這些精神疾病的特徵可能是心境一致的（吻合他的狀態），也可能心境不一致（跟他的狀態不符）。在狂躁狀態下，心境一致的浮誇感受，可能會因為相信自己具有神奇的力量，或者跟某位名人的關係特殊而變本加厲。而在憂鬱症發作下所出現的罪惡感、缺陷感和羞恥感，可能會擴大為腦海裡聽到譴責的聲音或出現妄想，以為自己鑄成了大錯或犯下滔天大罪。

當一個人的情緒健康嚴重受損時，這些連結就會勉強形成一個脆弱、沒有安全感和厭惡自己的自我結構，它就位在那個充滿憤怒、心存報復的宇宙中心點。當事者的假想範圍可以從籠統（譬如「我恨我自己，所以你一定也恨我」），到具體（譬如「我對我的頭形很沒有安全感，所以我看到你瞪著它看，就更證實了我的想法，它一定很畸形」）。他會「看到」他必須看到的東西，相信他必須相信的事情，才能向自己證明他是無所不知的，一切都在他的掌控中。他是安全和牢靠。他不能是脆弱的，於是他會操縱自己的世界觀，直到它能容納他的不安全感（這跟社會病態性格者截然不同，社會病態性格者會把別人扭曲到能完全順應他。）

就連別人的思想、感受和意圖，他也「瞭若指掌」，即使缺乏合理的根據，或甚至有完全相反的證據（譬如，「我知道你對我很不高興」或「我感覺得到你很好奇發生了什麼事」）。諷刺的是，一個人在情緒上越是不健康，就越相信他有能力可以看見、知道和預測周遭的世界。但其實他不太能察覺到因果關係。為了彌補這方面的缺陷，他會在行動和後果之間創造出自己的聯想，於是自然地加重了他的病情，因為只要出現必然的缺口，他就會更深陷在自己的各種假想裡。

鬼神之說只是精神錯亂被稀釋過的形式，也就是想要在不存在任何連結的地方進行連結。當因果關係變得模糊時，鬼神之說就會介入。這會使我們變成宗教儀式和強迫性行為的真正奴隸。由於我們必須要有某種控制感，便在事件和行為之間聯想出某種關係。譬如，只要我們敲三下，會議就能順利進行。這類行為給了我們一種被賦權的感覺。現實世界被自我的自我導向性相互關係給取代了；因為當事者在這個世界找不到意義和重要性，便自己發明了一套。

語言標記

有時候，就算是情緒最健康的人，也難免會有心力交瘁、不知所措，或者失魂落魄、無法冷靜和清楚說話的時候，但這都不構成任何警訊。可是，**如果句子的模式很**

短、很簡單，缺少內聚力（所謂內聚力指的是內容的連貫性），就代表說話者正處於精神錯亂中或者正要發作。

研究人員不只能靠語言模式的電腦分析來診斷出精神錯亂，也能驚人地百分之百預測那些正要發病的人。他們的語言裡都有兩個標記：(a)不連貫的敘事（缺乏流暢度和說服力），和(2)比較短和比較不複雜的句子結構，宛若星光狀的語言模式。[33]這可以從關係代名詞的鮮少使用看得出來（在英文文法裡，that 或 which 這些關係代名詞的功能是用來介紹附屬子句），於是無法清楚表明前面描述的是誰或什麼，可供參考的內聚力跟著降低。[34]

飽受精神錯亂之苦的人，以為他們的視角跟一般人是一樣的。這個畸變的自我建構出它自己的現實世界，製造出牽強的連結，假裝有共享的知識庫，譬如，他剛認識對方，說起話來卻像對方理當懂得他在說什麼似的。

這種人也搞不太清楚時間關係和空間關係。脈絡語言的缺乏（例如，昨天、最近和附近等各種相關詞）也可以用來預測精神錯亂的嚴重程度。[35]無論是病理研究或診斷，以下幾個視覺線索都意味著心理疾病的存在，如果你有觀察到這些線索，就要多加留意：[36]

・似乎心不在焉（無法專注，東張西望；對於任何一點動作或聲響，都會回應或留意）；非常煩躁；坐立不安（譬如：一直動來動去，抖腿，或老是在挑揀衣服上的棉絮）。

・表現出奇怪或特別古怪的行為（譬如：漫無目的地不停扳直眼前的東西；不敢踩在裂縫上；重覆做出怪異的動作）；說話方式很怪異（譬如，用沒有語調變化的單調聲音在說話）；姿勢或步伐很僵硬、死板、非常笨拙。

・看起來疏離或冷漠（譬如：非常不友善；也許有點粗魯、冷淡；勉強互動，不是因為舉止害羞，而是因為具有敵意；對別人的好意或友善，不會以熱情或友好的態度回應）。

・表現得很偏執或多疑（譬如：不信任；眼神可能瞟來瞟去；經常四處張望；可能拒絕跟你握手，就好像你可能會傷害他；看起來過度防備）。

・外表看上去很髒或者不修邊幅（譬如：沒刮鬍子或好幾天沒洗澡，頭髮看上去又亂又髒；衣服很皺或很髒）。

一個患有精神疾病的人不見得是暴力和危險的。事實上，大多數的暴力行為都是沒有罹患精神疾病的人所犯下的。但這不表示在暴力行為之前沒有清楚明確的警告信號。最後一章是以觀察技巧為基礎，來協助你判斷對方是否可能對你的安全和福祉造成威脅。

第20章．何時該擔心：紅色警報和警告信號

說到投資，經常有人提醒我們，「過去的表現可能不等於未來的結果」，但是說到人，你會發現過去的表現很可能等於未來的結果。著名的犯罪學家斯坦頓．薩梅諾（Stanton Samenow）在《犯罪心理》（*Inside The Criminal Mind*）一書中曾解釋：「犯罪是不可能違背本性去做的。這就像你要一棟建築物飛起來，但飛行這件事本來就不在這棟建築物的本性裡。」[1] 他說，就算罪犯是一時衝動才犯下罪行，對方似乎是在當下失去控制，才犯下一次非預謀性的罪行，卻也跟精於算計的冷血殺人犯有相當多的共同點。他寫道：

性情多變、缺乏彈性、個性急躁，每一個特質都是在要求別人順著他的心意做。他們可能因一點小事就勃然大怒。他們沒辦法很有建設性地處理令人不快的境遇，反

而複雜化自己的問題。他們只要受挫或感到失望，就先責怪別人，這種「出於本性」的犯罪行為，可能之前就有過一連串的威脅或襲擊的先例，只是被家人壓下來或漠視。不管表面跡象是什麼，當這個人最後犯下殺人罪的時候，他一定對暴力並不陌生。[2]

一個人不會突然發脾氣，一定都有可以辨識的行為，讓你知道暴力何時可能出現。一開始，先反問自己以下幾個跟觀察對象有關的問題：

- 生氣時，他會拿無生命的物體出氣嗎？像是捶牆、砸東西？或者從事一些象徵性的破壞行為，譬如撕照片、損毀文件，或者把結婚戒指拔下來丟掉？
- 他往往語帶威脅或使用暴力，企圖解決衝突或遂其所願嗎？
- 他會對一些小事反應過度，覺得別人都是針對他，故意激怒他嗎？譬如要是祕書給了他錯誤的資訊，或者有人沒跟他說清楚操作方法，他就會很生氣，認定對方是故意的，刻意針對他？
- 他會虐待動物嗎？或者也對人很殘忍？他會說出一些傷人的話嗎？還是會想辦法讓別人難堪或羞辱對方，尤其是那些不太能保護自己的人？

・他是否在公司裡無法升遷？他是否因為自己的停滯不前而把沮喪表現在臉上？他是否覺得都沒有人欣賞他對公司的貢獻？或者覺得別人都攬走他的功勞？大家都吃定了他？

・他在態度、表現或行為上會突然退縮嗎？他對工作上或家裡發生的事情，會突然不再感興趣或無動於衷嗎？

雖然這些跡象能夠提前警告你任何懸而未決的顧慮，但也不要低估了毒品和酒精在其中所扮演的角色。研究發現，在濫用藥物的精神失常者當中，有三十一%至少在一年內會犯下一起暴力犯罪，相較之下，僅罹患精神失常的人，只有十八%曾在一年內犯下一起暴力犯罪。[3] 同樣的，藥物濫用的年輕男子，會比單純的精神疾病患者更有可能對你做出暴力行為，而這兩個風險因子的結合，則在統計上呈現出更高的風險傾向。[4]

除此之外，如果有人一直說自己對「所有人和所有事都受夠了」或者「厭惡透了」，抑或籠統地談到他計畫要報復這一切或解決這些問題，你就要提高警覺了。當然，如果他詳細說明了自己的暴力犯罪計畫；談到要把這些債務一次解決掉，或者要讓別人都懂得尊重他；抑或他可以輕易取得武器，你就更應該格外提高警覺。

其他令人不安的跡象，還包括他拿武器來開玩笑或大談武器，或者想找人算帳，一直發脾氣、心情懊惱，抑或說出很絕望的話，或抱怨的事沒完沒了，無論這些行為是在工作場合或法庭上明確表達或正式立案訴訟都一樣。

所有這一切，不管是個別出現，還是集體出現，都代表對方挫敗的情緒正在沸騰，出現暴力行為的可能性很大。一流的威脅分析專家蓋文貝克創造出四級評分法JACA，這四個字母分別代表四個主要特徵，可用來評估威脅成真的可能性：

- **正當化理由**（Justification）：我們首先要考慮的是，這個人是否可能覺得自己有正當理由可以靠暴力去施加痛苦、傷害或致人於死。
- **替代方案**（Alternatives）：然後再檢視對方是否覺得自己可以靠暴力以外的方法，來達成他的目的。如果對他來說，暴力似乎是伸張正義的唯一方法，他會評估相關後果。
- **後果**（Consequences）：他會評估訴諸暴力後的可能影響，權衡受傷、死亡、入監這些可能的後果，究竟值不值得。

・**能力**（Ability）：他的復仇計畫是否仍停留在幻想裡，還是已經轉變為可怕的事實，這都取決於他覺得自己是否有方法和能力去落實這個復仇計畫。如果他認為自己有，就可能會出手。

語言學分析提供了另一種層次的見解。以下短文是一篇真實生活裡的文字作品，其中充斥著各種限定詞，卻一個縮回詞都沒有（參見第五章）。研究結果顯示，這種語言模式暗示的是「一旦找到問題的答案，可能就沒有回頭路了」。[5] 此外，文章的寫法很疏離（參見第十二章），這告訴我們，他已經跟自己的行動拉開距離。而作者在寫完這篇文章後沒多久，就殺害了自己的妻子。

我發現自己正面臨一個決定性的問題，我希望我可以找到它的答案。而且，我內心深處似乎沒有任何明確的答案。在我心裡的這個問題，是一個我不完全明白的問題，不管這是我自己的問題，還是真的有這個問題。我一直在想，也許問題就在這裡。也許我不應該再想它，應該把心思放在別的興趣上，或許這樣我就能把那個念頭完全擺脫掉。我在想，假如把心思放回到我的藝術作品上，全神貫注在各種不同的學習階段裡，也許我就會因為這些興趣而緩解心裡的那個結。我可以盡己所能地跟可能可以幫助我解決這個問題的人合作。那麼那件事或許就會自己找到答案。[6]

不管在任何情況下，當你覺得有什麼事情不對勁時，都要相信自己的直覺。你不需要找到理由，因為你下意識地嗅到了知覺意識所疏漏掉的威脅。為了保護你自己，你必須學會相信自己。

對自己的威脅

雖然精神疾病跟暴力沒有對應關係，但是自殺念頭和自殺行為在情感疾患或人格疾患的人當中，普遍有上升的趨勢。理論上，有自殺傾向的人在憂鬱和無助到只剩下自殺選項之前，都需要專業的協助，就是這麼簡單。[7]但是，深陷在危機裡的人，不見得表示他瀕臨自殺邊緣。這些警訊將會協助你評估其中的風險。我們在這裡也可以套用同樣的JACA評分法。如果當事者表現出以下的情緒，你就要高度警覺：

・正當化理由：「人生不值得再活下去。太痛苦了，再說如果沒有我，包括我家人、朋友以及我心愛的人在內，每一個人都會過得比較好。」

・替代方案：「我根本無能為力，沒辦法做得更好，我覺得好像被困住了。」

・後果：「我以後就沒辦法在這裡處理什麼事情了。」

・能力：「我有管道可以拿到（或者我想拿到）武器或藥物。我已經安排好後事。我已經把債務償清，也把個人財物分送出去了。」

所謂的自殺姿態則是一種自殺企圖，當事者並沒有想死的意圖，譬如這個人服用的安眠藥劑量並不到致死的地步，或者用不太可能致死的方式割腕。自殺姿態的意圖，通常是為了表達絕望或無助，或是一種對外哭喊求助的姿態，想要設法改善自己的生活，並非想要求死。在某些案例裡，自殺姿態可能只是在企圖做出誇張的聲明，或者為了「報復某人」。

儘管如此，就算是沒有自殺意圖的刻意自我傷害，也跟自殺的長期風險緊密相關。自殺企圖和自殺姿態看起來很相像。自殺企圖可能是一場未遂的自殺（譬如這個人吞了一盒藥意圖尋死，卻有人介入，叫了救護車，於是這個人在醫院裡接受洗胃之後，活著醒過來）。我們從來不知道一個人什麼時候會做出那種致命的決定，進而採取激烈和破壞的行動，但是有兩個跡象可以明顯看出警訊。

主要壓力源

在我們私下的生活裡，不管是大吃一箱冰淇淋，還是喝光一整瓶酒，或者做什麼自我破壞的行為，通常都是某個壓力源下的結果。大部分的暴力行為也是循著某個壓力源而來，它總是害我們無力招架，最後被自己的思緒和情緒淹沒。

壓力源可能是以問題的面貌來呈現，譬如：最近的財務或個人危機（例如破產）、分居、限制令、監護戰爭或公聽會、與警方的口角衝突、被解雇或降職，諸如此類等。生活上或生活方式的重大負面變動，再結合其他因素，都是值得關注的地方。

模仿效應

有關職場暴力的近日新聞或媒體報導，都可能讓那些認同加害者、與加害者有同樣挫敗經驗的人群起仿效。在一個可以透過指尖串流起整個世界的科技時代裡，社會影響力的無遠弗屆，更令人憂心。媒體稱這種現象為「模仿效應」（copycat effect）。但對心理學家來說，這是所謂的維特效應（Werther effect），其背後的原理是，人類會利用別人的行動，來決定什麼行動對自己來說是適當的。[8]

比方說，當人們得知有人自殺時，有些人會認為他們能理解對方的自殺動機，但奇怪的是，就連那些沒有積極籌畫要結束自己生命的人，也有這種想法。有些人在自殺時，並不在乎讓別人知道他們是自行了結生命，但也有些人不想讓他們的死亡看起來像是自殺。

研究調查顯示，在媒體報導某起自殺事件的三天後，車禍死亡率增加了三十一%。[9]這種嚴重影響的可怕之處，不只是數字而已，因為這些死亡車禍發生的地點，大多是在那起自殺報導所發布的地方。而且，跟被害者越像的人，越可能受到影響（這是源於自我認同的關係）。也因此，當媒體報導有年輕人自殺時，年輕人撞車事故的數量也會跟著增加；新聞提到有年長者自殺時，年長者撞車事故的數量則跟著增加。

所以，當有人對這類行徑表達同情或理解，並做出這類的表達：「這個人只能這麼做了」或「我相信他一定試過別的辦法，再也沒有其他選擇了」，那麼你就要格外提防對方做出類似的行為。

厄尼斯特・海明威（Ernest Hemingway）曾寫道：「當別人說話時，一定要聽完。多數人從來都不聽。」那些會對自己或別人造成危險的人，都曾經在痛苦中尖叫，如果你仔細聽，就會聽到。那個聲音既響亮又清楚。

結語・如何運用你的所學

說到底，我們終究是活在一個越來越混亂和不可預測的世界裡。我希望你從本書中所學到的策略，能為你帶來更多的自信與慰藉，以及足夠的安全感來相伴你一生，對你來說是有意義，也是值得的。

在你學會預測周遭人士行為的這個過程中，或許你也能變得更瞭解自己，甚至可能懂得該如何優化自己的情緒健康和人際關係品質。

他們說知識就是力量。這是錯的。知識只是一種工具，就像其他工具一樣，懂得如何運用它才是重點。真正的力量是以負責任的態度來妥善運用知識。

瞭解人們真正的想法和感受，絕對可以幫助你節省許多時間、金錢和精力，不必再去傷神。它也有助於讓你更瞭解那些身處痛苦的人，進而協助他們康復。

我很希望也很期待本書裡的技巧能被充分運用在啟發、賦權和激勵等用途上。它們不僅能帶給你優勢，也能教育你，使你在生活上和人際互動裡變得更有成效，對於自己的各種能力和責任更有信心。

謝辭

我很愉快也深感榮幸，能在此對企鵝蘭登書屋（Penguin Random House）才華橫溢的專業人士們致上謝意。首先要大大感謝我在 Rodale 出版公司的編輯 Marnie Cochran，拜她的遠見和建言之賜，才催生出這本書。

這一切的確需要大家共同的努力！誠摯感謝製作部和設計部所有優秀的專業人員。謝謝 Alison Hagge 孜孜不倦的完美審稿作業。謝謝 Anna Bauer 完美的封面設計。感謝設計師 Andrea Lau、製作編輯 Serena Wang、製作經理 Jessica Heim、排版人員 Scribe，他們的心血盡數呈現在書頁裡。我也要對宣傳部的 Lindsey Kennedy、行銷部的 Christina Foxley 和 Jonathan Sung 說聲謝謝，雖然作業才剛開始，但萬分感激你們截至目前所傾注的時間，相信你們未來也將持續投注更多的心力。

謝謝我在文學經紀公司 Greenberg Rostan Literary Agency 的頂尖經紀人 Lim Levine，感恩他為這本書所做的引薦，也感激 Patricia Weldygo 和 Patrick Pric 對編輯方面的建言與見解。

感謝我在學術界和執法界的眾多同僚，你們的貢獻多到數不清，人數也多到我無法在此一一列出，再加上很多人要求我匿名，所以我們就心照不宣，只要記住我欠你們太多。《猶太法典》（*The Talmud*）說，我們從老師身上會學到很多，從同事身上學到更多，從學生身上學到最多。這句充滿智慧的名言在此體現出它的價值，因為我尤其感謝我的學生們，當然也包括我的客戶和個案，我從他們身上得到最多的收穫。你們的力量、勇氣和決心令我肅然起敬。

再多的感謝都無以回報我的父母，他們對我的恩情永遠恆在。此外，我也要對卓越不凡的心愛妻子，以及幾個出色又寶貝的孩子說，是你們成就了這一切，讓這一切變得有意義。對於上帝我無比感恩，謝謝祂的眾多恩典，謝謝祂給我機會，可以為他人的生活帶來正面影響。

附註

前言

1. 高達七十五 % 的專業執法人員深信躲閃的目光代表欺騙，就算這已經被證實是很不可靠的指標。請參考 L. Akehurst, G. Kohnken, A. Vrij, And R. Bull, "Lay Persons' And Police Officers' Beliefs Regarding Deceptive Behavior," *Applied Cognitive Psychology*10, No. 6(1966): 461-73.
2. 這些語言學分析方法的理想運用時機是：(a) 當被觀察的對象用很流暢的話說出來或寫出來的時候，以及 (b) 針對比較長的陳述或對話，而不是像簡訊這種短訊息，因為短訊息在文法上通常很馬虎。再者，文化、性別、教育和社經地位都會影響一個人的語言使用方式。所以，要靠比較久的互動或比較多的樣本量，才能讓你過濾出這些差異。

第 1 章

1. Mark Murphy, Hiring for Attitude: *A Revolutionary Approach to Recruiting and Selecting People with Both Tremendous Skills and Superb Attitude*, 1st ed. (New York: McGraw-Hill Education, 2016), 117-18.
2. Ibid., 7.
3. 我們要隨時提醒自己，在做出任何假設之前，都必須考量到很多因素。以這個例子來說，裁縫師可能對自己的成品很自豪，於是高度的羞愧感可能暫時蒙蔽了他本來的誠信本質。
4. See Clea Wright Whelan, Graham F. Wagstaff, and Jacqueline M. Wheatcroft, "High Stakes Lies: Verbal and Nonverbal Cues to Deception in Public Appeals for Help with Missing or Murdered Relatives," *Psychiatry, Psychology and Law* 21, no. 4 (2014): 523-37; doi: 10.1080/13218719 .2013 .839931.
5. Morton Wiener and Albert Mehrabian, *Language within Language: Immediacy, a Channel in Verbal Communication* (New York: Appleton-Century-Crofts, 1968).
6. Walter Weintraub, *Verbal Behavior: Adaptation and Psychopathology* (New York: Springer, 1981).
7. Daniel Casasanto and Kyle Jasmin, "Good and Bad in the Hands of Politicians: Spontaneous Gestures during Positive and Negative Speech," *PLoS ONE 5*, no. 7 (2010): e11805; doi: 10.1371/journal.pone.0011805.

第 2 章

1. 只有一個情況例外，就是著名的斯德哥爾摩症候群（Stockholm Syndrome），也就是被害者對他們的綁架者發展出一種心理上的同盟關係。
2. Benjamin H. Seider, Gilad Hirschberger, Kristin L. Nelson, and Robert W. Levenson, "We Can Work It Out: Age Differences in Relational Pronouns, Physiology, and Behavior in Marital Conflict," *Psychology and Aging 24*, no. 3 (2009): 604-13; doi: 10.1037/a0016950.
3. Ibid.
4. James W. Pennebaker, *The Secret Life of Pronouns: What Our Words Say about Us* (New York: Bloomsbury Press, 2011).
5. Christopher Quinn, "Technique Sets the Truth Free" *Orlando Sentinel*, September 23, 1991. Retrieved on June 5, 2019: https:// www .orlando sentinel .com/ news/ os -xpm -1991 -09 -23 -9109230167 -story .html.
6. Ibid.
7. 我們往往會把垂直放置的方式，跟權力聯想在一起，不管是從字面上還是隱喻上來看都是如此。每當有人被要求去形容社交或職場上的動態關係時，他們通常會使用垂直定位法，把最有權勢的人或團體放在最上面，比較沒權勢的放在最底下。這可以讓我們充分見識到，人們是如何看待自己和其他人在任何人際互動結構裡的地位。請參考 T.W. Schubert, "Your Highness: Vertical Positions as Perceptual Symbols Of Power," *Journal of Personality and Social Psychology*89, No1 (2005): 1-21; Doi: 10.1037/0022-3514.89.1.1.

第 3 章

1. James W. Pennebaker, *The Secret Life of Pronouns: What Our Words Say about Us* (New York: Bloomsbury Press, 2011).
2. A. L. Gonzales, J. T. Hancock, and J. W. Pennebaker, "Language Style Matching as a Predictor of Social Dynamics in Small Groups," Communication Research 37, no. 1 (2010): 3-19; and P. J. Taylor and S. Thomas, "Linguistic Style Matching and Negotiation Outcome," *Negotiation and Conflict Management Research* 1 (2008): 263-81.
3. 有些副詞是虛詞（例如：然後、為什麼）。
4. C. K. Chung and J. W. Pennebaker, "The Psychological Functions of Function Words," in *Social Communication: Frontiers of Social Psychology*, ed. K. Fiedler (New York: Psychology Press, 2007), 343-59; and A. S. Meyer and

K. Bock, "Representations and Processes in the Production of Pronouns: Some Perspectives from Dutch," *Journal of Memory and Language* 41, no. 2 (1999): 281-301.

5. 我們都知道有些措辭會引發強烈的情緒反應，在這類例子裡，當事者可能會使用虛詞來避免「指名道姓」。一個很怕蜘蛛的人，若是發現有蜘蛛爬上他的腿，喊叫的方式比較可能像是「快把它弄走！」，而不是「快把這隻蜘蛛從我身上弄走！」另外，有些成年子女都有一種令人不安的習慣，他們會直呼父母的名字，雖然不是每次都直呼其名，但是頻率很高，因為他們不想要有緊密相連的感覺，而「媽咪」和「爹地」這樣的稱呼代表的是一種關係。
6. 這令人想起知名的經典電影《浩劫餘生》（*Planet of the Apes*, 1968）裡的臺詞：「你這隻該死的髒猴子，不要拿你的臭爪子碰我！」
7. 經驗老到的行騙高手會悄悄地貼近你，而不是面對面跟你說話。理由是，當你們肩並肩的時候，就有了共同的視角，你們看出去的景色基本上是一樣的，於是創造出一種很人工的親密關係。
8. James W. Pennebaker, Matthias R. Mehl, and Kate G. Niederhoffer, "Psychological Aspects of Natural Language Use: Our Words, Our Selves," *Annual Review of Psychology* 54 (2003): 547-77; doi: 10.1146/annurev.psych.54.101601.145041

第 4 章

1. Penelope Brown and Stephen C. Levinson, *Politeness: Some Universals in Language Usage* (Cambridge: Cambridge University Press, 1987).
2. Steven Pinker, *The Stuff of Thought: Language as a Window into Human Nature* (New York: Viking, 2007).
3. 研究發現，禮貌的態度就像一種語言學工具一樣，普見於所有文化。請參考 Brown And Levinson, *Politeness*。
4. James W. Pennebaker, *The Secret Life of Pronouns: What Our Words Say about Us* (New York: Bloomsbury Press, 2011).
5. 同樣令人驚訝的是（但邏輯上也算一致），自戀者不太會使用第一人稱單數代名詞。雖然自戀者只想到自己，但他們還是很有優越感，所以焦點是對外導向。請參考 N.S. Holtzman, A.M. Tackman, A.L. Carey, M.S. Brucks, A.C.P. Kujner, F.G. Deters, M.D. Back, M.B. Donnellan, J.W. Pennebaker, R.A. Sherman, And M.R. Mehl, "Lingusitic Markers of Grandiose Narcissism: A LIWC Analysis Of 15 Samples," *Journal of Language And Social Psychology* 38, Nos. 5-6 (2019): 773-86; Doi: 10.1177/0261927X19871084.

6. 要表現得很沒誠意，唯一的方法就是用嘲弄口吻來誇大歉意。譬如，把「我真的很抱歉」這句話故意拉得很長，「我是—— 真—— 的很抱歉——」
7. 把下巴揚起來代表的是一種挑釁的動作，就連把下巴微微前推，都被視為一種很普遍的敵意動作。請參考 Desmond Morris, *Bodytalk: The Meaning of Human Gesture* (New York: Crown, 1995)

第 5 章

1. 在有生命危險的狀況下，我們的大腦會自動過濾掉一些不必要的資訊和刺激。譬如，在危險的暴風雪中開車時，大多數人都會關掉收音機，因為它是一個不必要又令人分心的東西。當然，這麼做也不能讓我們看清楚擋風玻璃外的路況，但確實能讓我們的認知資源直接專注在現有的威脅上。
2. 由於我們通常是倚賴語調來破解話中隱藏的訊息，因此書面文字比較難感覺到嘲諷的意味，就算有適當的情緒在裡頭也一樣。
3. M. Lalljee and M. Cook, "Filled Pauses and Floor-Holding: The Final Test?," *Semiotica* 12 (1975): 219-25.
4. Walter Weintraub, *Verbal Behavior: Adaptation and Psychopathology* (New York: Springer, 1981).
5. 這樣的狀態包含了生理上的反應（譬如脈博變快、呼吸加快）和心理上的反應（譬如恐懼和認知曲解）。
6. Ibid.
7. See David J. Lieberman, *Make Peace with Anyone: Breakthrough Strategies to Quickly End Any Conflict, Feud, or Estrangement* (New York: St. Martin's Press, 2002).
8. See David J. Lieberman, *Never Get Angry Again: The Foolproof Way to Stay Calm and in Control in Any Conversation or Situation* (New York: St. Martin's Press, 2017).
9. Weintraub, *Verbal Behavior*.
10. R. A. Simmons, D. L. Chambless, and P. C. Gordon, "How Do Hostile and Emotionally Overinvolved Relatives View Relationships? What Relatives' Pronoun Use Tells Us," *Family Process* 47, no. 3 (2008): 405-19.
11. Ibid.
12. Walter Weintraub, *Verbal Behavior in Everyday Life* (New York: Springer, 1989).

第 6 章

1. W. Güth, R. Schmittberger, and B. Schwarze, "An Experimental Analysis of Ultimatum Bargaining," *Journal of Economic Behavior and Organization* 3, no. 4 (1982): 367-88.
2. Joanna Schug, David Matsumoto, Yutaka Horita, Toshio Yamagishi, and Kemberlee Bonnet, "Emotional Expressivity as a Signal of Cooperation," *Evolution and Human Behavior* 31, no. 2 (2010): 87-94; doi: 10.1016/j .evol hum behav .2009 .09 .006.
3. 英文有句話說「貼著你的背心玩牌」(playing it close to the vest)，是指不會洩露自己動機的人，這是玩撲克牌的人會說的話：「把手裡的牌貼近你的背心（身體），別人才不會看到你的牌。」
4. Schug, Matsumoto, Horita, Yamagishi, and Bonnet, "Emotional Expressivity as a Signal of Cooperation."
5. 雖然我們不能假設對方缺乏這類敘事就代表不合作，但這類敘事的出現的確很有幫助。
6. 傳統的訊問方式若要達到這個目的，通常是朝對方走近一小步。就算只是稍微進逼對方的實際空間，也等於是在逼迫對方採取心理防衛姿態。
7. 被控性侵的嫌犯一再強調：「我自己有兩個女兒。」他的意思是，他絕對不會犯下這種道德敗壞的罪。他的理由就跟一個被控搶劫銀行的搶犯說他「太尊重金錢，絕對不可能偷取任何人的錢」是一樣的。要知道這種「證明無罪」的方法，並不能證明任何事情。
8. 如果是因為這個人一再被問到同樣的問題（譬如在證人席上或證詞裡）。那麼自我參照的說法就不應該被解釋成是為了企圖誤導。

第 7 章

1. D. R. Carney, A. J. C. Cuddy, and A. J. Yap, "Power Posing: Brief Nonverbal Displays Affect Neuroendocrine Levels and Risk Tolerance," *Psychological Science* 21, no. 10 (2010): 1363-68; doi: 10 .1177/ 0956797610383437.
2. P. Briñol, R. E. Petty, and B. Wagner, "Body Posture Effects on Self-Evaluation: A Self-Validation Approach," *European Journal of Social Psychology* 39, no. 6 (2009): 1053-64.
3. 這種想法不完全是錯的，因為有一種現象叫做「均值回歸」(regression toward the mean)。
4. 這些關於印象管理的見解，現在已經被放進國土安全簡報內容裡。

The FBI Law Enforcement Bulletin, Vol. 70, No. 70 (Washington, D.C.: U.S. Federal Bureau Of Investigatoin, July 2001). Retrieved On November 17, 2020: Http;//Www.Hsdl.Org/?Abstract&Did=447482.

5. 有電話打進來說：「你的大樓裡有一顆炸彈！」雖然這種威脅應該被認真看待，但從統計上來看，真的有炸彈的可能性很低。事實上，在所有這類威脅有炸彈的電話裡，九十九．九%都只是威脅而已。打這種電話的人，他們的目的只是要製造焦慮和恐慌。
6. Gavin de Becker, *The Gift of Fear: Survival Signals That Protect Us from Violence* (New York: Little, Brown, 1997).

第 8 章

1. 強烈的恐懼是不受時間所限的。當一個人回憶一件創傷事件時，還是會出現同樣的負面情緒，戰鬥—逃跑—僵住反應會像當時一樣再度被激發。在此同時，鮮活的細節可能因潛意識的因應機制而不見了。請參考 A. Jacob-Kayam And R. Lev-Wiesel, "In Limbo: Time Perspective And Memory Deficit Among Female Survivors Of Sexual Abuse," *Frontiers In Psychology*(April 2019); Doi; 10:3389/Fpsyg.2019.00912.
2. 在某些狀況下，所有的請求和命令最好是用正面詞語來描述，才能得到最大的服從度。譬如，小孩子在倒牛奶時，你最好說：「把杯子拿好」或「慢慢倒」，而不是「不要把杯子弄斜了」或「不要倒那麼快」。執法人員接受訓練時，也同樣被要求要喝令「停在那裡」而非「不要動」，或者「趴下」而非「不要起來」。
3. David J. Lieberman, *Never Be Lied to Again: How to Get the Truth in Five Minutes or Less in Any Conversation or Situation*. Unabridged. Macmillan Audio, 2018 (New York: St. Martin's Press, 1998).

第 9 章

1. G. Kuhn, H. A. Caffaratti, R. Teszka, and R. A. Rensink, "A Psychologically-Based Taxonomy of Misdirection," *Frontiers in Psychology* 5 (2014): 1392; doi: 10.3389/fpsyg.2014.01392.
2. Amos Tversky and Daniel Kahneman, "Availability: A Heuristic for Judging Frequency and Probability," *Cognitive Psychology* 5, no. 2 (1973): 207-32; doi:10.1016/0010-0285(73)90033-9.
3. Robert B. Cialdini, *Influence: The Psychology of Persuasion* (New York: HarperBusiness, 2006), 225.

4. John A. Bargh, Mark Chen, and Lara Burrows, "Automaticity of Social Behavior: Direct Effects of Trait Construct and Stereotype Activation on Action," *Journal of Personality and Social Psychology* 71, no. 2 (1996): 230-44.
5. David J. Lieberman, *Never Be Lied to Again: How to Get the Truth in Five Minutes or Less in Any Conversation or Situation* (New York: St. Martin's Press, 1998).
6. Wu Youyou, David Stillwell, H. Andrew Schwartz, and Michal Kosinski, "Birds of a Feather Do Flock Together: Behavior-Based Personality-Assessment Method Reveals Personality Similarity among Couples and Friends," *Psychological Science* 28, no. 3 (2017): 276-84; doi: 10 .1177 /0956797616678187.
7. D. Drachman, A. DeCarufel, and C. A. Insko, "The Extra Credit Effect in Interpersonal Attraction," *Journal of Experimental Social Psychology* 14, no. 5 (1978): 458-65.
8. Maria Konnikova, *The Confidence Game: Why We Fall for It...Every Time* (New York: Viking, 2016).
9. Ibid.
10. Robert B. Cialdini, *Pre-suasion: A Revolutionary Way to Influence and Persuade* (New York: Simon & Schuster, 2018), 7.

第 10 章

1. Walter Weintraub, *Verbal Behavior: Adaptation and Psychopathology* (New York: Springer, 1981).
2. 人格疾患在想法、感受和行為上都違背文化期待，會造成痛苦或機能運作上的問題，而且會持續很久。請參考 *Diagnotic And Statistical Manual of Mental Disorders*, 5th Ed. (DSM-5)(VA: American Psychiatric Association, 2013).
3. 當自尊被權力、掌控權、金錢或一些類似的燃料餵飽時，通常會讓我們有好心情。於是，我們的態度和行為就會暫時轉向，假裝是一個自尊較高的人。
4. 男人和女人的不同天性，再加上文化的影響，就會出現語言上的差異平均而言，女性通常會使用比較被動和有禮貌的語言。若是一個人的情緒健康受到嚴重損害，最後的演變也頗吻合女性出現憂鬱症的可能性比男性多出兩倍的這個研究發現。
5. 另一方面來說，這種語言也可能代表這個保全人員正在跟一位地位較高的人說話。就算這位保全人員盡責地堅拒對方進入某特定區域，他們也可能在地位階級裡守住分寸，因此使用較為恭敬的語言。

6. A. A. Augustine, M. R. Mehl, and R. J. Larsen, "A Positivity Bias in Written and Spoken English, and Its Moderation by Personality and Gender," *Social Psychology and Personality Science* 2, no. 5 (2011): 508-15; and T. Yarkoni, "Personality in 100,000 Words: A Large-Scale Analysis of Personality and Word Use among Bloggers," *Journal of Research in Personality* 44, no. 3 (2010): 363-73; doi: 10.1016/j.jrp.2010.04.001.
7. Yarkoni, "Personality in 100,000 Words."
8. H. A. Schwartz, J. C. Eichstaedt, L. Dziurzynski, M. L. Kern, E. Blanco, M. Kosinski, D. Stillwell, M. E. P. Seligman, and L. H. Ungar, "Toward Personality Insights from Language Exploration in Social Media," 2013 AAAI Spring Symposium Series: Analyzing Microtext, Stanford, CA.
9. Ibid.
10. Ibid.
11. 在第十四章裡，我們會學到為了判斷對方的情緒是否健康，通常會看它的中庸值，意思是要平衡和適度。在適當和必要的時候說「謝謝你」，這是心理健康的指標，但如果過度使用「謝謝你」這三個字，那就跟完全不說「謝謝你」一樣有問題。
12. C. S. Lewis, *Reflections on the Psalms* (New York: Harcourt, Brace, 1958), 93-97.
13. 研究發現，感恩心理可以降低憂鬱症發作的頻率、持續時間和強度。這是因為給予和感恩（感恩本身就是在給予感謝）可以重新定向我們的注意力，不會只專注在自己身上。當我們找到方法去表示謝意，而不是一味地沉浸在那可能算是天性使然的抱怨裡，我們就等於打破了憤怒、沮喪和憎恨的神經網絡。請參考 A.M. Wood, S. Joseph, And J. Maltby, "Gratitude Uniquely Predicts Satisfaction With Life: Incremental Validity Above The Domains And Facets of The Five Factor Model," *Personality And Individual Differences* 45, No. 1 (2008): 49-54.

第 11 章

1. 他們是在批判你嗎？他們認為你是笨蛋嗎？可能吧。但你要瞭解到一點，我們在看這個世界時，所用的那面透鏡都是可以看到我們需要看到的東西。你是這樣看世界，他們也是這樣看世界，我們都是這樣看世界。他們用自己的透鏡看出有關你的敘事。如果他們的自尊是健全的，其想法會是慈悲和不帶批判的。自我會做出批判，那是為了要保護自己的敘事。不然對方就會站在你的立場為你著想，會愛你和接納你，承認你的行為有很大程度是你個性下的產物。換句話說，他們會感受到你的痛苦，而不是企圖讓你更痛苦。

2. Daniel Kahneman, *Thinking, Fast and Slow* (New York: Farrar, Straus & Giroux, 2011).

3. 鮮少有互動關係不受到這件事的影響。研究發現，臨床醫師的性格會妨礙他們對心理錯亂的精準評斷能力。換言之，他們的分析會跟自己的性格呼應。被歸類成性格焦慮的醫師，會比其他同儕更可能對病人做出焦慮症或憂慮症的診斷。請參考 Paul R. Duberstein, B. Chapman, R. Epstein, K. Mccollumn, And R. Kravitz, "Physician Personality Characteristics And Inquiry About Mood Symptoms In Primary Care," *Journal of General International Medicine* 23, No. 11(2008); 1791-95.

4. D. Wood, P. Harms, and S. Vazire, "Perceiver Effects as Projective Tests: What Your Perceptions of Others Say about You," *Journal of Personality and Social Psychology* 99, no. 1 (2010): 174-90.

5. Ibid.

6. "Smoke Alarms Using Mother's Voice Wake Children Better than High-Pitch Tone Alarms" (press release), Nationwide Children's. Retrieved on August 30, 2019: https://www.nationwidechildrens.org/newsroom/news-releases/2018/10/smoke-alarm-study.

7. 網狀活化系統會調整覺察力和醒覺力，定位出我們認定重要的事情。這表示我們的天線隨時在接受我們所恐懼和渴望的事情。譬如，叢林裡的導遊會隨時留意團員（想要確保他們的安好），也會留意可能的危險（出於恐懼的關係）。

8. Jonathan M. Adler, Erica D. Chin, Aiswarya P. Kolisetty, and Thomas F. Oltmanns, "The Distinguishing Characteristics of Narrative Identity in Adults with Features of Borderline Personality Disorder: An Empirical Investigation," *Journal of Personality Disorders* 26, no. 4 (2012): 498-512.

9. D. P. McAdams, A. Diamond, E. de St. Aubin, and E. Mansfield, "Stories of Commitment: The Psychosocial Construction of Generative Lives,"*Journal of Personality and Social Psychology* 72, no. 3 (1997): 678-94; doi: 1997-07966-018

第 12 章

1. 眾所皆知的例外是順從型的人，他永遠都在道歉，就算不是他的錯。由於自尊極度低，因此他覺得自己不配站起來反抗，並委屈地承受錯放的罪惡感和羞愧心，或是害怕失去連結或情感上受到報復。

2. Thomas Szasz, *The Untamed Tongue: A Dissenting Dictionary* (La Salle, IL: Open Court, 1990).
3. 我們可能都有這種想法，把今天出現的問題都怪罪到父母身上，認定他們是存心故意的。在想到他們對我們所做出的行為時，並沒有把他們的成長環境考慮在內，就連對待自己的孩子時也是一樣。只有我們才是環境下的產物，只有我們的選擇是受到成長環境的束縛，至於身邊其他人都是自己選擇做出那樣的行為。
4. 我們不會認為自己身上有性格缺陷，像是「我才不在乎別人」或「我只是一個混蛋」之類的，除非我們的自我概念裡把這種行為涵括在內，在這種情況下，這些行為舉止就成了一種榮譽徽章，我們會很驕傲地說：「我就是這德性。」
5. 我們越能接受自己，就越能接受跟我們一樣的人。我們不接受自己的地方，也會從我們無法容納別人的地方洩露出來。這種現象最常見於子女養育上。做父母的對於最像他們的那個孩子，最感到失望。因為這個孩子就像一面鏡子一樣照出父母無法接受自己的地方。
6. J. Jaffe, "Communication Networks in Freud's Interview Technique," *Psychiatric Quarterly* 32, no. 3 (1958): 456-73; doi: 10.1007/BF01563516.
7. Ibid.

第 13 章

1. 當我們覺得一個聰明、有錢或很有魅力的人對我們很不尊重時，通常會特別痛苦。因為自我令我們相信這個人比較有分量，所以他對待我們的方式尤其顯得重要。
2. C. S. Lewis, *Reflections on the Psalms* (New York: Harcourt, Brace, 1958), 93-97.
3. Viktor E. Frankl, *The Unheard Cry for Meaning: Psychotherapy and Humanism* (New York: Simon & Schuster, 1978); and Sigmund Freud, *Civilization and Its Discontents*, trans. and ed. J. Strachey (New York: W. W. Norton, 1961).
4. Peter Schmuck, Tim Kasser, and Richard M. Ryan, "Intrinsic and Extrinsic Goals: Their Structure and Relationship to Well-Being in German and U.S. College Students," *Social Indicators Research* 50, no. 2 (2000): 225-41.
5. Abraham H. Maslow, *Motivation and Personality* (New York: Harper & Row, 1954), 46. 很多人都不知道馬斯洛在晚年曾修訂了他的五層次模式，放了第六個層次進來，把自我超越放在自我實現之上。他寫道：「自我只有埋首於自身以外某種更高的目標，譬如利他主義和靈修這方面，才是真正的自我實現。」A.H. Maslow, "The Further Reachs Of Human Nature," *Journal of Transpersonal Psycholgoy*1, No. 1 (1969): 1-9.

第 14 章

1. P. Resnik, W. Armstrong, L. Claudino, and T. Nguyen, "The University of Maryland CLPsych 2015 Shared Task System," *Proceedings of the Second Workshop on Computational Linguistics and Clinical Psychology: From Linguistic Signal to Clinical Reality* (2015): 54-60; doi: 10.3115/v1/W15-1207.
2. Ernest Dichter, *Handbook of Consumer Motivations: The Psychology of the World of Objects* (New York: McGraw-Hill, 1964).
3. 當我們得在「小一點的報酬」和「得等久一點的大報酬」這兩者之間做選擇時，情緒上的痛苦會使我們轉向前者。請參考 W. Mischel, E.B. Ebbesen, and A. Raskoff Zeiss, "Cognitive and Attentional Mechanisms In Delay of Gratification," *Journal of Personality and Social Psychology* 21, No. 2 (1972): 204-18.
4. Isaiah 22:12.
5. 區別在於在約會、協商、面談這類場合裡，焦慮是和當事者的自信與興趣程度成反比。這表示，越沒自信的人，越是志在必得的人，就越是焦慮。而在生活壓力源上，比較沒自信的人（也因此缺乏行動性，所謂行動性就是他自認可以做到的那種信念）以及很想要成功的人，都會比較焦慮。證據是，有嚴重憂慮症的人在典型的壓力情境下，不會太焦慮，因為他們根本不在乎。雖然他們的自信很低，但他們對生活本身的興趣也是零。
6. G. Alan Marlatt and Judith R. Gordon, eds., Relapse Prevention: *Maintenance Strategies in the Treatment of Addictive Behaviors* (New York: Guilford Press, 1985); and R. Sinha, "Modeling Stress and Drug Craving in the Laboratory: Implications for Addiction Treatment Development," *Addiction Biology* 14, no. 1 (2009): 84-98.
7. R. Sinha, "The Role of Stress on Addiction Relapse," *Current Psychiatry Reports* 9, no. 5 (2007): 388-95; and K. Witkiewitz and N. A. Villarroel, "Dynamic Association between Negative Affect and Alcohol Lapses Following Alcohol," *Journal of Consulting and Clinical Psychology* 77, no. 4 (2009): 633-44.
8. D. C. Vinson and V. Arelli, "State Anger and the Risk of Injury: A Case-Control and Case-Crossover Study," *Annals of Family Medicine* 4, no. 1 (2006):

63-68.

9. William Glasser, *Reality Therapy: A New Approach to Psychiatry* (New York: Harper Perennial, 1975).

10. K. R. Merikangas, N. J. Risch, and M. M. Weissman, "Comorbidity and Co-transmission of Alcoholism, Anxiety and Depression," *Psychological Medicine* 24, no. 1 (1994): 69-80; doi: 10.1017/S0033291700026842.

第 15 章

1. J. M. Adler, A. F. Turner, K. M. Brookshier, C. Monahan, I. Walder-Biesanz, L. H. Harmeling, M. Albaugh, D. P. McAdams, and T. F. Oltmanns, "Variation in Narrative Identity Is Associated with Trajectories of Mental Health over Several Years," *Journal of Personality and Social Psychology* 108, no. 3 (2015): 476-96; doi: 10.1037/a0038601.

2. D. P. McAdams, J. Reynolds, M. Lewis, A. H. Patten, and P. J. Bowman, "When Bad Things Turn Good and Good Things Turn Bad: Sequences of Redemption and Contamination in Life Narrative and Their Relation to Psychosocial Adaptation in Midlife Adults and in Students," *Personality and Social Psychology Bulletin* 27, no. 4 (2001): 474-85.

3. 情緒越不健康的人，他的經驗就越有可能被完全不相干的事件給汙染。毀了「整個野餐」的毛毛雨，可能只是隨便說說，但如果從本來應該豔陽高照的野餐地點開車回家，卻拿到超速罰單，那他就一定會回頭反咬整個野餐「糟透了」。

4. 那些被重新框架成踏腳石的阻礙，跟你是不是樂觀看待事情無關，而是跟你是不是用新的角度看待它有關。經驗是視角的一種函數，有了新的視角，就有新的背景脈絡，也有了新的意義。

5. S. S. Tomkins, "Script Theory," in *The Emergence of Personality*, ed. J. Aronoff, A. I. Rabin, and R. A. Zucker (New York: Springer, 1987), 147-216.

6. Monika Obr bska and Joanna Zinczuk-Zielazna, "Explainers as an Indicator of Defensive Attitude to Experienced Anxiety in Young Women Differing in Their Styles of Coping with Threatening Stimuli," *Psychology of Language and Communication* 21, no. 1 (2017): 34-50; doi: 10.1515/plc-2017-0003.

7.「不是全有就是全無」的這種想法被稱為「分裂」(splitting)，這是一種防衛機制，特徵是態度、價值觀和信念的兩極化。由於沒有辦法忍受跟它對立的灰色地帶（譬如，就算是一個得體和講究道德的人，偶爾也會做錯事；不是所有機會都是「不能錯過的」或「都是詐騙」；

事情並不會因為有些地方不完美就全毀了），因此，這個世界不只要整齊地分類好，還要被貼上兩極的標籤。

8. 絕對主義式的語言，也會在那些從憂鬱症裡痊癒的人身上看到（這表示他們還是很脆弱或很容易受到影響），但是談話內容會比較正面。請參考 M. A1-Mosaiwi And T. Johnstone, "In An Absolute State: Elevated Use Of Absolutist Words Is A Marker Specific To Anxiety, Depression, And Suicidal Ideation," *Clinical Psychological Science* 6, No. 4(2018): 5289-42; Doi: 10.1177/2167702617747074.
9. 情緒不穩定者的屬性和語言，通常都被描述成情緒不成熟的行為。換言之，他們會出現你只會在小孩身上看到的行為，像是突然使性子、沒頭沒腦地忽然變得很熱情、心情起伏很大、對事情堅持非黑即白的看法等。因此，用來判定一個人情緒穩定度的方法，只適用於成年人。小孩在天性上都是以自我為中心，視角都很窄，但都屬於正常甚至健康的心理眼界。基於這個原因，小孩通常不會被診斷出人格疾患。
10. H. Peters, "Degree Adverbs in Early Modern English," *Studies in Early Modern English*, 13 (1994): 269-88.
11. Al-Mosaiwi and Johnstone, "In an Absolute State."
12. 狀態會因某件完全不相干的事而被誘發出來，當事者的心情延續到當前的行為裡，或者這個狀態本身可能是某情緒導火線的一個函數，在這種情況下，他的活躍度是來自於在那個情境裡的熱情，但再重申一次，這些都無關乎人格特質。
13. 我們都有自己的盲點，也就是我們看不到別人所看得到的生活面。別人只因自己的盲點跟我們的不一樣，就行為失控，這種事似乎很荒唐。但事實上，當別人看事情的角度跟我們不一樣，如果我們選擇不接受對方的角度，反而對此生氣，我們也同樣不理性，甚至有過之而無不及。情緒的健康會讓人有同理心，因為自我不需要靠憤怒和憎恨來強化自己。我們可能相信有人被誤導或者無知，或錯得離譜，但是，會把恐懼的餘燼煽動成怒火，全都是自我和不安全感在作祟。換言之，我們可以看出不公不義的地方，對某種志業充滿熱情，然後理性且有成效地往前推進，但是當自我開始鼓動時，憤怒和憎恨就會劫持整個思緒過程。從來不會有人在退出對話時心裡想著：「我真希望我剛才再憤怒一點，就能把自己駕馭得更好了。」
14. 當我們強烈相信某件事時，就算是情緒最健康的人，偶爾也會慷慨激昂和態度斷然。我們覺得別人看事情的方式應該跟我們一樣，這本來也沒什麼問題，但是當所有事情都變成「聽我的，不然就滾蛋」，便等於超出了情緒健康的那條界線。這種人不會質疑自己，這表示別人也不可以質疑他。不光是政治或宗教這方面的話題，連他挑的冰淇淋口味也是「最棒的」。這種人過度敏感，很容易覺得受到侮辱，幾乎每件事和每個看法敢跟他不一樣的人，都是在針對他。基於這個理由，一個人的情緒健康比較能從良好的互動看得出來，因為再沒有什麼比過度膨脹的自我還要危險。那個情境的意義越是重大，它在現實世界裡所衍生出來的後果就可能越有影響力，於是對方越有正當理由去堅守自己的立場，為自己的想法辯護。

第 16 章

1. Seth Rosenthal, "The Fine Line between Confidence and Arrogance: Investigating the Relationship of Self-Esteem to Narcissism," *Dissertation Abstracts International* 66, no. 5-B (2005): 2868.
2. D. S. Ryan, "Self-Esteem: An Operational Definition and Ethical Analysis," *Journal of Psychology and Theology* 11, no. 4 (1983): 295-302.
3. 讓我們用一個寓言故事來解碼心理學。想像有個國王允許你住在他的皇宮裡。他請最好的僕人來照顧你的大小事，最好的裁縫師來縫製衣服，裝滿你的衣櫥，最厲害的廚師來幫你準備最愛吃的餐點。這時的你，還敢要求更多嗎？如果你要求給你一塊更精緻的布料，或者一個更蓬鬆的枕頭，你不會覺得很不好意思嗎？這就是謙遜。謙遜來自於一種體認，你體認到不管自己可能擁有什麼，所擁有的一切都已經豐足到超出想像。當你有這樣的認知時，你就會充滿感恩，覺得自己富足到無法想像再接受什麼，只能給予。
4. 傲慢的心態只會看自我價值的淨收益，意思是「我曾為自己增添了什麼來讓自己變得更有價值」。譬如，一個業務員可能一天當中被拒絕上百次，但他只專注在那唯一一次的成交機會。另一種人會因為被拒絕而感到受傷。他會覺得自己很沒價值，因此在被拒絕了幾次之後，就覺得太痛苦了。這並不是說第一個人在情緒上比較健康，只是「被拒絕」並不像「害怕賺不到錢」那麼可怕，所以這讓他覺得自己很有價值。
5. J. M. Adams, D. Florell, K. Alex Burton, and W. Hart, "Why Do Narcissists Disregard Social-Etiquette Norms? A Test of Two Explanations for Why Narcissism Relates to Offensive-Language Use," *Personality and Individual Differences*, 58 (2014): 26-30.
6. Ibid.
7. Ibid.
8. N. S. Holtzman, A. M. Tackman, A. L. Carey, M. S. Brucks, A. C. P. Küfner, F. G. Deters, M. D. Back, James W. Pennebaker, Ryne A. Sherman, and M. R.

Mehl, "Linguistic Markers of Grandiose Narcissism: A LIWC Analysis of 15 Samples," *Journal of Language and Social Psychology* 38, nos. 5-6 (2019): 773-86; doi: 10.1177/0261927X19871084.

9. Ibid.

10. W. K. Campbell, E. Rudich, and C. Sedikides, "Narcissism, Self-Esteem, and the Positivity of Self-Views: Two Portraits of Self-Love," *Personality and Social Psychology Bulletin* 28, no. 3 (2002): 358-68.

11. J. T. Cheng, J. L. Tracy, and G. E. Miller, "Are Narcissists Hardy or Vulnerable? The Role of Narcissism in the Production of Stress-Related Biomarkers in Response to Emotional Distress," *Emotion* 13, no. 6 (2013): 1004-11; doi: 10.1037/a0034410.

12. Monika Obr bska and Joanna Zinczuk-Zielazna, "Explainers as an Indicator of Defensive Attitude to Experienced Anxiety in Young Women Differing in Their Styles of Coping with Threatening Stimuli," *Psychology of Language and Communication* 21, no. 1 (2017): 34-50; doi: 10 .1515 /plc -2017 -0003.

13. 理論上一個百分之百有自尊的人，不會有那種想要控制任何人或任何事的欲望或必要性。他體認到，他真正唯一能控制的就只有自己的選擇，也就是他的自我控制能力。雖然我們最終的目標都是要連結，但自我生出來的恐懼會破壞這個過程，強制要求控制，因為它告訴我們，真正的「我」是不被愛的、不可愛的，也不配得到連結。

14. 雖然任何一種不安全感都可能會讓當事者更膽怯或更畏縮，但也會製造出一種想透過高成就來彌償的需求。請參考 Tom Bulter-Bowdon, *50 Psychology Classics* (New York: Nicholas Brealey, 2007).

15. 我們的內在聲音滿是慚愧地說：「我微不足道。」這反映出我們沉痛地相信我們不配有愛，不值得被接納，由此可推論，我們所愛的一切既不安全，也沒保障。在潛意識裡，我們的想法是，「真正的我不值得連結。所以我要假裝成一個比較可愛的人，才能被愛。」

16. 心理學上的動態關係，有助於我們理解童年成名所帶來的困擾。當名人面對突如其來的名氣時，「真正的自己」和「公開的人物設定」這兩者之間的差距會很大，讓他們懷疑著：「如果他們真的認清了我，還會愛我嗎？」同理，我們也更能懂得為什麼一夜成名這種事情經常讓人在情緒上崩潰，因為自我或形象越是偉大，個人就越不真實，當事者就越覺得自己可能曝光和被傷害，於是產生焦慮，而且通常有憂鬱症。

17. 我們都知道，如果一個孩子感覺自己沒有得到適當的正面關注，就會極盡可能地去爭取負面關注。他對連結的需求，也就是想要自己的聲音被聽見和感覺自己的重要性，大過於被人看成是「好孩子」的那種想望。雖然「壞」或「不好相處」都無法優化他們想要的那種連結，但就像我解釋過的，這種以自我為中心的心理，會不由自主地展現從傲慢裡衍生出來的各種負面特質，而這必然會被人排斥和被切斷連結。情緒不成熟是許多小孩的預設值，他們就是會不計代價地尋求連結。

18. 自我可能會訴諸於自主權的掌控，但時間長度不一，這會帶來一切都在掌控中的錯覺（走到極端的話，可能會殺害別人或自己）。不管當事者是人格疾患（從自戀型人格疾患到偏執型精神分裂症），或者情緒失常（譬如強迫症或神經性嚴食症），全都跟掌控有關。

第 17 章

1. 多數的社會病態性格者都非常聰明和活躍，至於心理病態性格者通常沒那麼聰明，而且不太知道如何迎合生活中的挑戰。社會病態性格者比較能夠控制當下的怒氣，所以你比較難發現他們的存在，也因此比較危險。
2. 統計上來說，男性出現這種異常的可能性，比女性多出六倍。大多數的人在十二歲之前就出現症狀。
3. Hervey M. Cleckley, *The Mask of Sanity: An Attempt to Reinterpret the So-Called Psychopathic Personality* (St. Louis: C. V. Mosby 1941).
4. 雖然他們的情緒反應超越了典型情緒的那條界線，但社會病態性格者為什麼不會感到害怕的這件事，仍然是個謎。他們經歷的是所謂的最初情感（Proto-Emotion），就是最基本的本能，當他們被制服和感到無助時，火氣或憤怒只會短暫出現。
5. 當一個人看到令人震驚或害怕的景象時，就會出現戰鬥－逃跑－僵住的反應，瞳孔也會跟著擴大。但是社會病態性格者則不然，因為他們面對威脅時所產生的生理反應就算不是付之闕如，也是被減弱。他們的瞳孔不會放大，所以算是這種疾病的明顯生理標記。請參考 D.T. Burley, N.S. Gray, And R. J. Snowden, "Emotional Modulation Of The Pupil Response In Psychopathy," *Personality Disorders: Theory, Research, And Treatment 10*, No. 4 (2019): 365-75; Doi: 10.1037/Per0000313.
6. 相信你的直覺！研究發現，曾經對成年的心理病態性格者做過訪談的人，有七十七．三％據說會出現生理反應（全身起雞皮疙瘩、難以呼吸、肌肉僵硬）。請參考 J.R. Meloy, "Pathologies of Attachment, Violence, and Criminality," In *Handbook of Psychology*, Ed. Alan M. Goldstein, Vol. 11, *Forensic Psychology* (New York: Wiley, 2002), 509-26.

7. 這些行為都能在那些還沒有辦法控制人或形勢的社會病態性格者身上觀察到。至於已經掌權的社會病態性格者，在工作職場上是個危險人物。他們就像一顆大鐵球等著去砸碎一個講究合作的正面文化，他們是靠著分化在茁壯，他們會探測，使出操控的手段，撒出漫天大謊。若是高層人士，無人可抗衡他，更會格外殘酷無情。
8. 情感操縱是人格疾患之患者最常使出的通用伎倆，而且可能用在我們的個人關係和職業關係上。透過操控、分散注意力、隱形侵犯等手段，被害者會變得開始質疑自己對現實的認知，懷疑自己和自己的想法，常常覺得困惑、不足或憂鬱。因為他們對現實世界的感受，以及對身分的認同感，都被暗中破壞，會覺得自己快要瘋了。
9. A. Crossley and D. Langdridge, "Perceived Sources of Happiness: A Network Analysis," *Journal of Happiness Studies* 6, no. 2 (2005): 107-35.

第 18 章

1. William Glasser, *Reality Therapy: A New Approach to Psychiatry* (New York: Harper Perennial, 1975).
2. 較低的自尊會使自我現身，隨之而來的傲慢所製造出來的性格和性情，會讓你無法與人有健全的互動關係。自我中心性（Egocentricity）不會造就出最有利於連結的特質（譬如：謙遜、仁慈、脆弱性、真誠），反而會帶來所有令人興味索然的人格特質，導致失去連結（譬如：抨擊、咒罵、批評和好辯）。
3. 同理心是一種可以對別人的情緒和痛苦感同身受的能力，不只是為對方感到遺憾而已。有同理心的人會樂於去理解別人的問題，因為他們是真的很想減輕別人的痛苦。
4. See R. Krueger, B. Hicks, and M. McGue, "Altruism and Antisocial Behavior: Independent Tendencies, Unique Personality Correlates, Distinct Etiologies," *Psychological Science* 12, no. 5 (2001): 397-403.
5. 如果有人是為了得到關注而去尋求別人的關注，這顯然是以自我為中心，不過，那些寧願融入人群裡的人也不見得沒有自我。他們可能只是害怕大家對他的任何關注，這代表的是一種逃避型人格，也因此，不管是人格裡或病態裡的自我表現形式，都會逼他們躲起來，而不是站在聚光燈底下。
6. 這裡要再強調一次，我們的整體評斷不能單看只出現過一次的情況或信號。有些好人因為心不在焉，也可能忘了去還跟別人借來的東西。人們也可能為維護隱私、避免尷尬，或者為了怕自己或別人遭遇危險而撒謊。譬如，就算你不喜歡配偶的新髮型，但還是告訴對方，這個髮型很漂亮。這類白色謊言都算是適當和穩當的，甚至很多人會說這麼做很聰明。就連隱瞞之謊，也就是對那些可能會在他人當中造成衝突的事情隱而不說，也是一種負責任的做法。但如果一個人的坦率會害別人付出代價，那就證明當事者對於這麼做會造成別人痛苦一事並不敏感，也代表這個人缺乏同理心和視角。

第 19 章

1. D. Davis and T. C. Brock, "Use of First Person Pronouns as a Function of Increased Objective Self-Awareness and Performance Feedback," *Journal of Experimental Social Psychology* 11, no. 4 (1975): 389-400.
2. L. A. Lee, D. A. Sbarra, A. E. Mason, and R. W. Law, "Attachment Anxiety, Verbal Immediacy, and Blood Pressure: Results from a Laboratory Analog Study Following Marital Separation," *Personal Relationships* 18, no. 2 (2011): 285-301.
3. A. Aldao, S. Nolen-Hoeksema, and S. Schweizer, "Emotion-Regulation Strategies across Psychopathology: A Meta-Analytic Review," *Clinical Psychology Review* 30, no. 2 (2010): 217-37; doi: 10.1016/j.cpr.2009.11.004; N. Mor and J. Winquist, "Self-Focused Attention and Negative Affect: A Meta-Analysis," *Psychological Bulletin* 128, no. 4 (2002): 638-62; doi: 10.1037/0033-2909.128.4.638; and E. Watkins and R. G. Brown, "Rumination and Executive Function in Depression: An Experimental Study," *Journal of Neurology, Neurosurgery and Psychiatry* 72, no. 3 (2002): 400-2; doi: 10.1136/jnnp.72.3.400.
4. 血清素（serotonin）是大腦裡的一種神經傳導物質。它涉及到動作功能、胃口和睡眠控制，以及荷爾蒙的調節。研究顯示，壓力會造成血清素的過度吸收。如果持續暴露在壓力底下，這種高流失率會造成血清素的損耗，最後引發憂鬱症。請參考 H. Anisman and R. Zacharko, "Depression: The Predisposing Influence of Stress," *Behavioral And Brain Sciences*5, No. 1(1982): 89-137.
5. Daniel Kahneman, *Thinking, Fast and Slow* (New York: Farrar, Straus & Giroux, 2011).
6. 想著這件事的這個「我們」，正是那個自我，它會透過恐懼和不安全感的這面透鏡，來過濾我們的思緒。
7. W. Bucci and N. Freedman, "The Language of Depression," *Bulletin of the Menninger Clinic* 45, no. 4 (1981): 334-58; and Walter Weintraub, *Verbal Behavior: Adaptation and Psychopathology* (New York: Springer, 1981).

8. David Townsend and Eli Saltz, "Phrases vs Meaning in the Immediate Recall of Sentences," *Psychonomic Science* 29, no. 6 (2013): 381-84; doi: 10.3758/BF03336607.

9. Ibid.

10. M. R. Mehl, M. L. Robbins, and S. E. Holleran, "How Taking a Word for a Word Can Be Problematic: Context-Dependent Linguistic Markers of Extraversion and Neuroticism," paper presented at the 11th Conference of the International Association for Language and Social Psychology, 2008. Tucson, Arizona.

11. P. Resnik, W. Armstrong, L. Claudino, and T. Nguyen, "The University of Maryland CLPsych 2015 Shared Task System," *Proceedings of the Second Workshop on Computational Linguistics and Clinical Psychology: From Linguistic Signal to Clinical Reality* (2015): 54-60; doi: 10.3115/v1/W15-1207.

12. A. Pusztai and A. Bugán, "Analysis of Suicide Notes from Persons Committing Completed Suicides," *Psychiatria Hungarica* 20, no. 4 (2005): 271-80; and B. Gawda, "The Analysis of Farewell Letters of Suicidal Persons," *Bulletin de la Société des sciences médicales du Grand-Duché de Luxembourg* 1 (2008): 67-74.

13. M. Al-Mosaiwi and T. Johnstone, "In an Absolute State: Elevated Use of Absolutist Words Is a Marker Specific to Anxiety, Depression, and Suicidal Ideation," *Clinical Psychological Science* 6, no. 4 (2018): 529-42; doi: 10.1177/2167702617747074.

14. J. D. Teasdale, J. Scott, R. G. Moore, H. Hayhurst, M. Pope, and E. S. Paykel, "How Does Cognitive Therapy Prevent Relapse in Residual Depression? Evidence from a Controlled Trial," *Journal of Consulting and Clinical Psychology* 69, no. 3 (2001): 347-57.

15. See W. Keith Campbell, Eric A. Rudich, and Constantine Sedikides, "Narcissism, Self-Esteem, and the Positivity of Self-Views: Two Portraits of Self Love," *Personality and Social Psychology Bulletin* 28, no. 3 (2002): 358-68. Retrieved on August 30, 2016: http://psp.sagepub.com/content/28/3/358.short.

16. B. Silvestrini, "Trazodone: From the Mental Pain to the 'Dys-stress' Hypothesis of Depression," *Clinical Neuropharmacology* 12, Suppl. 1,

(1989): S4-10. PMID 2568177.

17. 著名的內科醫師兼疼痛管理先驅約翰・薩爾諾博士（Dr. John Sarno）的解釋是，很多身體病變是潛意識誘發的，以便將注意力從不易掌控和較難以承受的情緒困擾裡移開。這些病變的目的，是為了蓄意分散潛意識思維的注意力，它們的生成是「為了協助整個潛抑的過程」。他說，身體的病痛並非是隱匿的情緒浮現出來，而是用身體病痛來呈現，以預防這些情緒變成意識上的情緒。請參考 John E. Sarno, *Healing Back Pain: The Mind-Body Connection* (New York: Grand Central, 1991). John E. Sarno, *The Divided Mind: The Epidemic of Mindbody Disorders* (New York: Reganbooks, 2006), 54.
18. M. Laughlin and R. Johnson, "Premenstrual Syndrome," *101 American Family Physician* 29, no. 3 (2016): 265-69.
19. Weintraub, *Verbal Behavior*.
20. 別忘了，第五章曾提到「壓抑」和「停滯」（見 77 頁）是當事者可能選擇用來處理憤怒的兩種方式，於是變得悲傷而不是火大生氣。這兩種模式都可能引發憂鬱症，因為悲傷是一種不健康卻能疏通焦慮和抑制脾氣的強而有力的方式。
21. Weintraub, *Verbal Behavior*.
22. William Glasser International Newsletter, June 2013, 11. Retrieved on May 11, 2019. Glasser boldly encourages people to be careful with their language and to instead rephrase their emotional state to reflect what is actually happening—we are actively choosing to depress ourselves.
23. Richard Bandler and John Grinder, *The Structure of Magic* (Palo Alto, CA: Science & Behavior Books, 1975).
24. J. M. Adler, "Living into the Story: Agency and Coherence in a Longitudinal Study of Narrative Identity Development and Mental Health over the Course of Psychotherapy," *Journal of Personality and Social Psychology* 102, no. 2 (2012): 367-89; doi: 10.1037/a0025289.
25. J. M. Adler and M. Poulin, "The Political Is Personal: Narrating 9/11 and Psychological Well-Being," *Journal of Personality* 77, no. 4 (2009): 903-32; doi: 10.1111/j.1467-6494.2009.00569.x.
26. 最健全的心態是，就算體認到結果非我們所能左右，也非我們能全盤掌控，我們還是會盡自己最大的努力。這跟覺得「不管自己怎麼做，都不會影響到未來的幸福和快樂」，是不太一樣的。

27. D. Hiroto, "Locus of Control and Learned Helplessness," *Journal of Experimental Psychology* 102, no. 2 (1974): 187-93.

28. 難怪人們在覺得擁有自主權的時候，會比感覺無助的時候有更大的意願去主動行事。請參考 A.D. Galinsky, D. H. Gruenfeld, and J.C. Magee, "From Power To Action,' *Journal of Personality and Social Psychology* 85, No. 3 (2003): 453-66; Doi: 10.1037/0022-3514.85.3.453

29. 極端一點的人會覺得自己這一生做不了什麼大事，於是會尋求一個目標，開始逆來順受地為他人盡心盡力。儘管外在行為可能一樣，但是他的動機跟那些為人道服務而奉獻一生的人，是不一樣的。後者幫助別人是因為他們充滿熱情，覺得這是他們的人生目標，至於前者則是靠犧牲自己來成全別人。

30. See Jonathan M. Adler, Erica D. Chin, Aiswarya P. Kolisetty, and Thomas F. Oltmanns, "The Distinguishing Characteristics of Narrative Identity in Adults with Features of Borderline Personality Disorder: An Empirical Investigation," *Journal of Personality Disorders* 26, no. 4 (2012): 498-512.

31. 不過，心理疾患有可能是遺傳基因的產物或天生如此，無論有無遭遇創傷或環境都會出現。

32. 偏執狂是一種你不想要有且毫無根據的感覺，總覺得別人想要害你。請留意：這個人會過度猜疑嗎？他經常把善意行為誤解成不友好或敵意嗎？輕微的偏執狂所呈現的方式，可能只是認為別人在背後侮辱他們或「談論他們」或者「企圖欺騙」他們。這沒有什麼特別需要警覺的地方，除非對方很極端。妄想症（比偏執狂再更進一步）聽起來比較像是「他們企圖要殺我」或者「有人想要綁架我」。

33. IBM's Thomas J. Waltson 研究中心的吉列爾莫・切基博士 (Dr. Guillermo A. Cecchi）在馬里蘭州貝賽斯達（Bethesda）的美國國立心理健康研究院（NIMH）的一場發表會上，討論到他們和其他研究人員如何進行電腦化語言學的工作，利用語音樣本的錄音來量化精神疾病。

34. G. Bedi, F. Carrillo, G. A. Cecchi, D. F. Slezak, M. Sigman, N. B. Mota, S. Ribeiro, D. C. Javitt, M. Copelli, and C. M. Corcoran, "Automated Analysis of Free Speech Predicts Psychosis Onset in High-Risk Youths," *NPJ Schizophrenia* 1, no. 1 (2015): 15030; doi: 10.1038/npjschz.2015.30; and C. E. Bearden, K.. N. Wu, R. Caplan, and T. D. Cannon, "Thought Disorder and Communication Deviance as Predictors of Outcome in Youth at

Clinical High Risk for Psychosis," *Journal of the American Academy of Child and Adolescent Psychiatry* 50, no. 7 (2011): 669-80; doi: 10.1016/j.jaac.2011.03.021.

35. C. Kilciksiz, K. Brown, A. Vail, T. Baltrusaitis, L. Pennant, E. Liebson, D. Öngür, L.-P. Morency, and J. Baker, "M111: Quantitative Assessment of Mania and Psychosis during Hospitalization Using Automated Analysis of Face, Voice, and Language," *Schizophrenia Bulletin* 46, Suppl. 1 (2020): S177; doi: 10.1093/schbul/sbaa030.423.

36. 請注意，其中有些跡象或許可以做出具體診斷，也可能無法看出當事者在情緒上的整體健康性。譬如，如果有個人對社交線索完全無感，那麼他可能患有亞斯伯格症候群，至於怪異或高度特異性的行為，則可能是強迫症的問題。

第 20 章

1. Stanton E. Samenow, *Inside the Criminal Mind* (New York: Crown Publishers, 2004), 235.

2. Ibid., 239.

3. P. S. Appelbaum, P. C. Robbins, and J. Monahan, "Violence and Delusions: Data from the MacArthur Violence Risk Assessment Study," *American Journal of Psychiatry* 157, no. 4 (2000): 566-72; doi: 10 .1176/appi .ajp .157 .4.566.

4. Ibid. 據統計，男性占工作場所槍擊事件的九十三%。

5. Walter Weintraub, *Verbal Behavior in Everyday Life* (New York: Springer, 1989), 47.

6. Ibid.

7. 從統計上來說，女性比男性更可能企圖自殺，但是男性企圖自殺成功的可能性多出三倍。

8. 從生物學的角度來說，我們的脆弱性有部分是源於分工專業的腦細胞，即鏡像神經元（mirror neurons），它們會找出訊號，將這些訊號當成線索來判別目前應該表現出什麼樣的得體行為。集體心因性疾病（也稱之為轉化症，原名是集體歇斯底里）是鏡像神經元造成的。有這種問題的人都有神經方面的症狀，從無法控制的衝動到痲痺都有，這跟任何已知的神經疾病無關，而且會在一個內聚群體裡蔓延開來（譬如學校裡的一個班級或一間辦公室），除了那些周遭人士的潛意識影響之外，找不到根本原因。

9.「維特效應」這個術語是大衛・菲利浦博士（Dr. David P. Phillips）發明的。他曾寫道：「自殺率的上揚，跟車禍死亡人數的平日或每日波動效應無關，也跟週末假日的波動或每年的線性趨勢無關，因為這些效應會在控制期的挑選和處理上做出校整，再跟實驗期進行比較。」D.P. Phillips, "Suicide, Motor Vehicle Fatalities, and The Mass Media: Evidence Toward A Theory of Suggestion," *American Journal of Sociology* 84, No. 5 (1979): 1150-74

看穿人心的讀話術：
透視人們的真正想法，他們真正想要的是什麼，以及他們的真面目

Mindreader: The New Science of Deciphering What People Really Think,
What They Really Want, and Who They Really Are

作　　者——大衛．李柏曼博士（David J. Lieberman, PhD）
譯　　者——高子梅
封面設計——張　巖
內文設計——劉好音
責任編輯——劉文駿
行銷業務——王綬晨、邱紹溢
行銷企劃——曾志傑、劉文雅
副總編輯——張海靜
總 編 輯——王思迅
發 行 人——蘇拾平
出　　版——如果出版
發　　行——大雁出版基地
地　　址——台北市松山區復興北路 333 號 11 樓之 4
電　　話——（02）2718-2001
傳　　真——（02）2718-1258
讀者傳真服務—（02）2718-1258
讀者服務 E-mail— andbooks@andbooks.com.tw
劃撥帳號　19983379
戶　　名　大雁文化事業股份有限公司
出版日期　2023 年 1 月　初版
定　　價　420 元
I S B N　978-626-7045-78-7

國家圖書館出版品預行編目資料

看穿人心的讀話術：透視人們的真正想法，他們真正想要的是什麼，以及他們的真面目／大衛．李柏曼博士（David J. Lieberman, PhD）著；高子梅譯. – 初版. – 臺北市：如果出版：大雁出版基地發行, 2023. 01
面；公分
譯自：Mindreader: The New Science of Deciphering What People Really Think, What They Really Want, and Who They Really Are
ISBN 978-626-7045-78-7（平裝）

1. 讀心術　2. 應用心理學

175.92　　111021215